日中いぶこみ劇場

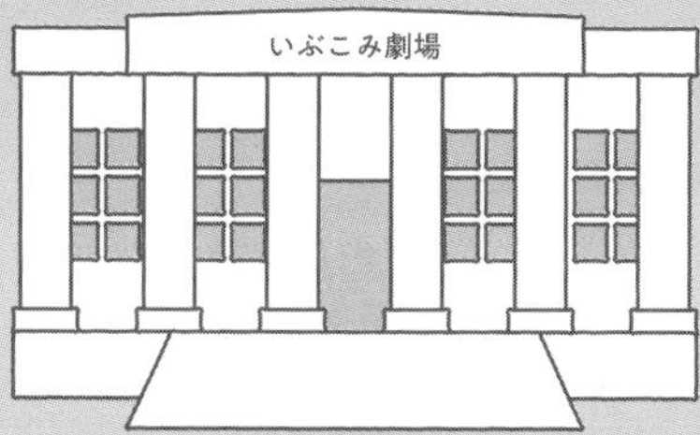

相原茂　費燕　蘇明　［編著］
富田淳子　［作画］

朝日出版社

音声ダウンロード

音声再生アプリ「リスニング・トレーナー」新登場（無料）

朝日出版社開発のアプリ、「リスニング・トレーナー（リストレ）」を使えば、教科書の音声をスマホ、タブレットに簡単にダウンロードできます。どうぞご活用ください。

まずは「リストレ」アプリをダウンロード

› App Store はこちら　› Google Play はこちら

アプリ【リスニング・トレーナー】の使い方

❶ アプリを開き、「**コンテンツを追加**」をタップ
❷ QRコードをカメラで読み込む
❸ QRコードが読み取れない場合は、画面上部に 45335 を入力し「Done」をタップします

パソコンでも以下のURLから音声をダウンロードできます

http://audiobook.jp/exchange/asahipress

› **音声ダウンロード用のコード番号【45335】**

※audiobook.jp への会員登録（無料）が必要です。すでにアカウントをお持ちの方はログインしてください。

Webストリーミング音声

http://text.asahipress.com/free/ch/gekijou

はじめに

「いぶこみ」とは「異文化コミュニケーション」の短縮語である。

中国語教育において，ことばの学習と同時に「いぶこみ」の重要性が叫ばれるようになって久しい。元よりことばと文化は切り離せない。

本書は，いぶこみのテーマを中級のレベルに高めて考えてみようという試みである。

最大の特徴は「マンガ仕立て」にしたことだろう。しかもマンガの吹き出しは日本語にした。話題はもちろん日中の異文化コミュニケーションをめぐっての違いやズレ，衝突を描いている。

しかも日本語だから，スラスラ読め，本書が取り上げる核心部分は一目瞭然。生徒諸君は一日で一年分の内容が予習可能ではないか。

いぶこみのテーマについては，先生からも説明があるだろう。日中を比べ，時にはちょっとした議論になるかもしれない。日本人の先生と中国人の先生では，微妙なニュアンスの違いもありそうだ。

二つ目の特徴は，日本語のセリフが中国語に訳されていることだ。自然な日本語が自然な中国語に翻訳されている。どうしてこんな風な中国語になるのか。どうしてかくも日本語の内容とかけ離れるのか。日本語の発想と中国語の論理の葛藤を体験するだろう。ことばの問題ではあるが，考え方や国民性の違いとも関わってきそうだ。

最後に日中翻訳ルールという形で，注意すべきポイントを整理してみた。これまでにない多面的な視野を備えた教材になったのではないかと思う。

マンガの筆を振るってくれたのは長年おつき合い頂いている富田淳子さんである。飄々とした画風がこころをなごませる。

令和元年　10月　編著者

マンガいぶこみ劇場

目次

いぶこみの風景

日中翻訳ルール

本編

ここが公園だよ。
広いなあ。人もたくさんいるし、にぎやかだねえ
三十年間も他からさそいが来なかったんじゃ、見込みがないな。不合格！
はい！はい！
日本人にはかえって不真面目に聞こえてしまうよね。
お嬢さん、ピアノおじょうずね。
ええ、ピアノが好きで、将来はピアニストになりたいだなんて。

01

❖声調

妈妈　骑　马，　马　慢，　妈妈　骂　马。
Māma qí mǎ, mǎ màn, māma mà mǎ.

英雄　　好汉
yīngxióng hǎohàn

❖無気音と有気音

無気音 ba | b | a | 両唇をとじる ⟶ 母音 a

有気音 pa | p | 息 | a | 両唇をとじる＋息の流れ ⟶ 母音 a

bà（爸）	dā（搭）	gē（哥）	jī（鸡）	zì（字）
pà（怕）	tā（他）	kē（科）	qī（七）	cì（次）

❖そり舌音 zhi chi shi ri

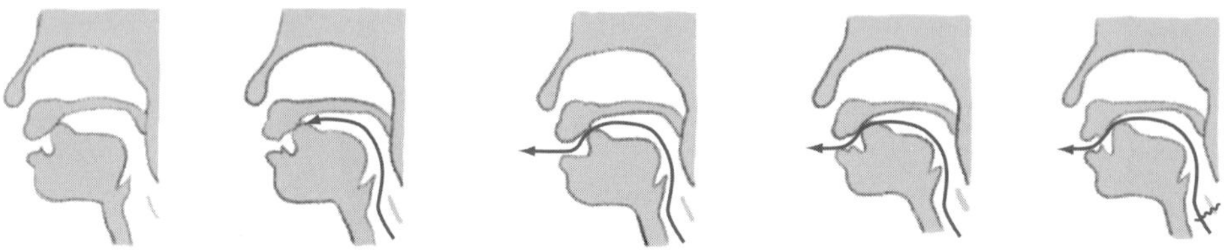

構えて　→　息をため　→　発音｛無気 zh(i)　有気 ch(i)｝　sh(i)　r(i)

我们　的　老师　只　吃　猪肉。
Wǒmen de lǎoshī zhǐ chī zhūròu.

❖j　q　x　y の直後の u（唇をすぼませた ü に発音する）

我　决心　去　中国　学　汉语。
Wǒ juéxīn qù Zhōngguó xué Hànyǔ.

en と eng

02

真 冷， 真 冷， 真正 冷，
Zhēn lěng, zhēn lěng, zhēnzhèng lěng,

猛 的 一 阵 风， 更 冷。
měng de yí zhèn fēng, gèng lěng.

-ian と -iang

简化 jiǎnhuà	铅笔 qiānbǐ	先生 xiānsheng	燕子 yànzi
讲话 jiǎnghuà	墙壁 qiángbì	相声 xiàngsheng	样子 yàngzi

声母表

	（無気音）	（有気音）			
唇音	b (o)	p (o)	m(o)	f (o)	
舌尖音	d (e)	t (e)	n (e)		l (e)
舌根音	g (e)	k (e)		h (e)	
舌面音	j (i)	q (i)		x (i)	
そり舌音	zh (i)	ch (i)		sh (i)	r (i)
舌歯音	z (i)	c (i)		s (i)	

消える o，消える e

j + iou → jiu “酒” jiǔ（お酒）
h + uei → hui “会” huì（できる）
k + uen → kun “困” kùn（眠い）

一 喝 酒 就 会 困。
Yì hē jiǔ jiù huì kùn.

i は三つの音価を表す

ji qi xi …… [i]
zhi chi shi ri …… [ʅ]
zi ci si …… [ɿ]

03

中国人：这儿 就 是 公园。
Zhōngguórén　Zhèr jiù shì gōngyuán.

日本人：真 大 啊。这么 多 人，太 热闹 了。
Rìběnrén　Zhēn dà a. Zhème duō rén, tài rènao le.

中国人：是 啊。有 唱歌 的、跳舞 的、还 有 打 太极拳 的、唱 京剧 的。
Shì a. Yǒu chànggē de、tiàowǔ de、hái yǒu dǎ tàijíquán de、chàng jīngjù de.

日本人：他们 每天 都 来 公园 吗？
Tāmen měitiān dōu lái gōngyuán ma?

中国人：对，他们 每天 都 来 公园。中国人 喜欢 户外 活动，喜欢 见见 朋友，聊聊 天。
Duì, tāmen měitiān dōu lái gōngyuán. Zhōngguórén xǐhuan hùwài huódòng, xǐhuan jiànjian péngyou, liáoliao tiān.

日本人：是 吗？看 他们 多 开心 啊，日本人 比较 喜欢 待在 家里。
Shì ma? Kàn tāmen duō kāixīn a, Rìběnrén bǐjiào xǐhuan dāizài jiāli.

単語　04

这么	zhème	副 こんなに
热闹	rènao	形 にぎやかだ
跳舞	tiàowǔ	動 ダンスをする
还有	hái yǒu	組 ほかに～いる／ある
打太极拳	dǎ tàijíquán	組 太極拳をする
户外	hùwài	名 アウトドア，室外
活动	huódòng	名 活動
聊天	liáotiān	動 おしゃべりをする
开心	kāixīn	形 楽しい，愉快だ
比较	bǐjiào	副 比較的
待在	dāizài	組 ～にいる

解釈

1 **「ここが公園だ」** “这儿就是公园”のように“就”を入れ、肯定の語気を強調。「ほかでもなく」、「まさに～だ」。

2 **「毎日ここに来るのですか。」** 「毎日同じ」ことを強調し，総括するため，副詞“都”を入れる。

3 **「～したり，～したりする」** 日本語では，例えば「ヒマな週末は本を読んだり、テレビを見たりして過ごします」と言うとき，中国語の動詞の重ね型を用いて表される。「翻訳ルール18」参照。

4 **「～しそうだ」** 日本語は他人の感情を述べるときに様態を表す助動詞「そうだ」が使われる。中国語は見て感じたことをたとえ他人の気持ちであっても、直接断定的に表現するのがふつうである。「彼はうれしそうだ」→“他很高兴”

5 **「どちらかというと」** 直訳ではうまくいかない。ここではその後にある「家にこもりがちだ」に注目する。「～がちだ」は中国語の“总是”“常常”“经常”に当たるが、「中国と比較をして日本のほうが」と考え“比较”を用い、“日本人比较喜欢待在家里”のように減訳した。

6 **「家にこもりがちだ」** “待在家里”。誕生、発生、居住などの場所、または動作の到達場所を表す時に「V+“在”」の形をとる。“生在中国”“住在美国”“站在窗 chuāng 前”。

いぶこみの風景❶ —— 朝の公園

中国のほとんどの都市には何千人も何万人も入れるような大きな公園がいくつかあります。公園には定年した人や仕事をしていない人たちが毎朝集まってきます。広い公園の中にはたくさんのグループがあります。歌や京劇のグループもあれば、音楽を流して太極拳をしたり、踊ったりする人々もいます。

いい運動になりますし、友達と会ってお話しをするのも楽しいことです。健康のためにもとてもいいと思ってますから、みんな毎日楽しみに来ています。公園はこういう人たちにとってなくてはならない存在です。

1 "这么"：(副詞)「こんなに」 —— 这么多人

05

1) 这么漂亮的包，一定很贵吧。
Zhème piàoliang de bāo, yídìng hěn guì ba.

2) 我的论文已经写好了。—— 这么快啊！
Wǒ de lùnwén yǐjīng xiěhǎo le. — Zhème kuài a!

论文：論文
快：はやい

即練 次の日本語を中国語に訳しなさい。

① こんなにおいしい餃子、あなたが作ったのですか？

____

② ここはどうしてこんなに暑いの？

____

2 "都"： —— 他们每天都来公园吗

前にある複数を表す語を統括し「同じ動作や状況である」ことを表す。

1) 我每天都弹两个小时钢琴。
Wǒ měitiān dōu tán liǎng ge xiǎoshí gāngqín.

2) 我每次来这儿，都买水果。
Wǒ měicì lái zhèr, dōu mǎi shuǐguǒ.

弹：弾く
钢琴：ピアノ
水果：果物

即練 日本語に合わせて中国語を並べ替えなさい。

① 四年生の学生が全員就職活動をしている。

[找／学生／的／都／工作／四年级／在]

____

② 妹は毎年一回日本に来ている。

[一次／我妹妹／日本／都／每年／来]

____

3 “多～啊”：—— 多开心啊

感嘆文に用い「なんと～であろう」、「どんなに～であろう」。

1）今晚的月亮多美啊！
Jīnwǎn de yuèliang duō měi a!

2）今天天气多好啊，快出去走走吧。
Jīntiān tiānqì duō hǎo a, kuài chūqu zǒuzou ba.

月亮：月
美：美しい
得：動詞や形容詞の後に用い、補語を導く
安静 ānjìng：静かだ

即練 日本語に合わせて中国語文を完成しなさい。

① 薄着だね，とっても寒そう。

你穿得太少了，＿＿＿＿＿＿＿＿＿＿＿＿＿＿＿＿

② ここはなんと静かだろう。

这里＿＿＿＿＿＿＿＿＿＿＿＿＿＿＿＿＿＿＿＿

発音を聞いて空欄を埋めなさい。 06

1. 早上的公园很＿＿＿＿＿，＿＿＿＿＿的人很多。
Zǎoshang de gōngyuán hěn (rènao), (dǎ tàijíquán) de rén hěn duō.

2. 中国人喜欢＿＿＿＿＿＿＿，喜欢跟朋友＿＿＿＿＿。
Zhōngguórén xǐhuan (hùwài huódòng), xǐhuan gēn péngyou (liáotiān).

日中翻訳ルール ❶

例外なくは“都”で

日本語を中国語に訳す時、さまざまな技法がある。例えば「加訳」や「減訳」、「分訳」や「合訳」などなど。以下の場合、日本語原文にない「すべて、みんな」の意味の“都”を入れる必要がある。すなわち、「加訳」が必要である。

① 一定の範囲の事物がすべて「同じ状況である」「同じ動作をする」ことを表したいとき、「“都”＋動詞（句）」を用いる。

a．父も母もラーメンが好きです。／爸爸和妈妈都喜欢吃拉面。

b．妹が毎年一回日本に来ます。／我妹妹每年都要来一次日本。

② 疑問文においては後ろの疑問詞を修飾し、その疑問詞の指しているものが複数であることを表す場合。

c．今回帰国して誰に会いましたか。／这次回国你都见谁了？

d．お家にはどういう方がいらっしゃいますか。／你家都有什么人？

07

母亲：别跑，别跑！绊倒了怎么办？
mǔqīn: Bié pǎo, bié pǎo! Bàndǎo le zěnme bàn?

孩子：哇—，哇—，哇—。
háizi: Wā —, wā —, wā —.

母亲：叫你别跑别跑。绊倒了吧。
Jiào nǐ bié pǎo bié pǎo. Bàndǎo le ba.

母亲：别哭了。看妈妈打这块坏石头。
Bié kū le. Kàn māma dǎ zhèi kuài huài shítou.

母亲：打你这块坏石头，打你这块坏石头，都是你不好。
Dǎ nǐ zhèi kuài huài shítou, dǎ nǐ zhèi kuài huài shítou, dōu shì nǐ bù hǎo.

単語

08

母亲	mǔqīn	名	母親（直接呼びかける時は“妈妈”）
跑	pǎo	動	走る
绊	bàn	動	つまずく
绊倒	bàndǎo	動	つまずいて転ぶ
办	bàn	動	する
孩子	háizi	名	子供
哇	wā	擬	（泣き声）わあ
哭	kū	動	泣く
块	kuài	量	一塊のものを数える
坏	huài	形	悪い
石头	shítou	名	石．石ころ
都是	dōu shì	組	みんな～のせいだ

解釈

1 **「走らないで。」** 禁止の表現。中国語では、“别＋V”を用いる。

2 **「転んだら」** “绊倒了”と訳す。“绊”はつまずく、“倒”は結果補語で、「倒れる」。“绊倒”はつまずいた結果として「倒れた、転んだ」。中国語ではこのように「動詞＋結果補語」の二段構えで言う。「酔った」→“喝醉了”

3 **「どうするの」「どうしよう」** “怎么办？”

4 **「走らないでと言ったのに」** 使役表現のマーク「させる」がなくても、中国語に訳すとき、使役動詞“叫”を使うことがある。

5 **「泣かないで」** 進行している動作をやめさせようとする時、“别＋V”の後にさらに“了”をつけて表現する。

6 **この悪い石** 石の量詞は“块”である。指示代名詞が名詞を修飾する時、日本語は量詞を使わないが、中国語では量詞を入れる必要がある。「この本」→“这本书”

7 **「みんなお前が悪い」** みんなは“都”で、“是”を伴って“都是～”で物事の理由を説明する。

8 **「悪い」** 「よい」の否定形で訳した。「気分が悪い」→“不舒服”

いぶこみの風景❷――― 悪いのは誰だ

日中文化の違いは、子供が転んだ時に大人からかけられる言葉にも表れている。

中国では子供が石や木の根元などにつまずいて転んだ時、よく大人が泣いている子供に「この悪い石（木の根っこ）、叩いてやる、叩いてやる」と言う光景が見られる。子供の注意がそれ、痛みを忘れて泣き止むことが多い。

日本では、大人が子供の痛いところに手を当てて、痛みをつかんだように投げながら「痛いの痛いのとんでいけー、痛いの痛いのとんでいけー」と言う。痛み自体を直視し、取り除こうとする。そして転んだのは誰のせいでもなく、自分がよく見ていないからいけないのだと教わる。

語法ポイント 2

1 V＋"倒"：—— 绊倒了怎么办

09

"倒"は結果補語で、「倒れる」。動作・行為の結果「倒れた」ことを表す。

1) 小心点儿，别把杯子碰倒了。
Xiǎoxīn diǎnr, bié bǎ bēizi pèngdǎo le.

2) 他不小心摔倒了。
Tā bù xiǎoxīn shuāidǎo le.

碰：ぶつかる
摔：足をとられ転ぶ
被 bèi：〜に〜される
风 fēng：風
吹 chuī：吹く
注意 zhùyì：気を付ける
滑 huá：すべる

即練 日本語に合わせて中国語文を完成しなさい。

① 自転車が風に吹かれて倒れた。

自行车被 ______________________

② 雪が降ったので、（滑って）転ばないよう気をつけて。

下雪了，注意 ______________________

2 使役動詞"叫"、"让" ràng：「〜に〜させる」 —— 叫你别跑别跑

"叫"は話し言葉に用いる。

1) 我叫（or 让）他别去，他不听。
Wǒ jiào/ràng tā bié qù, tā bù tīng.

2) 叫（or 让）你带雨伞，你不带，被雨淋了吧。
Jiào/Ràng nǐ dài yǔsǎn, nǐ bú dài, bèi yǔ lín le ba.

带：持つ．携帯する
淋：（雨などに）ぬれる
生日 shēngrì：誕生日
聚会 jùhuì：パーティー．会合

即練 日本語に合わせて中国語を並べ替えなさい。

① お母さんは子供に宿題を終わらせてから遊ぶようにと言った。

[写完作业 / 孩子 / 让 / 后 / 妈妈 / 再玩儿]

____

② 友達から彼女の誕生日パーティーに出席するようにと言われた。

[她的 / 参加 / 我 / 朋友 / 生日聚会 / 叫]

____

3 “都”：——— 都是你不好

直後に“是”を伴い，事柄のわけを説明する。「みんな～のおかげだ」「みんな～のせいだ」。

1）这都是我的错，跟他们没有关系。
Zhè dōu shì wǒ de cuò, gēn tāmen méiyou guānxi.

2）她取得了这么好的成绩，都是自己努力的结果。
Tā qǔdéle zhème hǎo de chéngjì, dōu shì zìjǐ nǔlì de jiéguǒ.

关系：関係
取得：取得する
有出息 yǒu chūxi：有望だ
功劳 gōngláo：功績，おかげ

即練 次の日本語を中国語に訳しなさい。

① すべて私のせいだ。

____

② 子供がこんなに有望なのは、皆あなたのおかげだ。

____

発音を聞いて空欄を埋めなさい。 10

1. ________ 你别跑，别跑！ 看 ________ 了吧。
(Jiào) nǐ bié pǎo, bié pǎo! Kàn (bàndǎo) le ba.

2. ________ 你不好，打你这 ________ 坏石头。
(Dōu shì) nǐ bù hǎo, dǎ nǐ zhè (kuài) huài shítou.

日中翻訳ルール 2

二段構え

中国語では動作の結果どうなったのかについて述べる場合、「動詞＋結果」という二段構えで表現するのが基本である。

例えば本課に出た“绊倒”は「つまづく＋倒れる」という形だ。又「覚えた」、「見間違えた」、「酒に酔った」にあたる中国語はそれぞれ“记住”jìzhù、“看错”kàncuò、“喝醉”hēzuì になる。覚える動作、見る動作、飲む動作を行い、その結果，定着した、間違えた、酔ったとなる。もし“记”“看”“喝”の後に補語“住”“错”“醉”がなければ、「しっかり覚えた」「間違えた」「酔った」という意味にならない。

また、逆に日本人は結果の方に目がゆき、ついつい動詞を忘れてしまう。中国語は「動詞＋補語」の二段構えにする。

11

中国人[1]: 欸，日本也有饺子，咱们进去看看吧。
Zhōngguórén: Éi, Rìběn yě yǒu jiǎozi, zánmen jìnqu kànkan ba.

中国人[1]: 来两份饺子。
Lái liǎng fèn jiǎozi.

店员: 好的。
diànyuán: Hǎo de.

中国人[1]: 嗯，怎么是煎饺呢？
Ńg, zěnme shì jiānjiǎo ne?

中国人[2]: 不会是昨天剩的吧。
Bú huì shì zuótiān shèng de ba.

店长: 不是昨天剩的。日本都是煎饺，很少有水饺。
diànzhǎng: Bú shì zuótiān shèng de. Rìběn dōu shì jiānjiǎo, hěn shǎo yǒu shuǐjiǎo.

単語

12

- 欸　éi　感 おや
- 来　lái　動（注文するときに使う）ください，もらう
- 份　fèn　量 一份＝一人前
- 店员　diànyuán　名 店員
- 好的　hǎo de　組（提案に同意したり要求を引き受けるときに言う）分かった，よろしい
- 嗯　ńg　感（疑ったり意外な気持ちを表す）あれっ，なんだい
- 煎饺　jiānjiǎo　名 焼き餃子
- 会　huì　助動 ～のはずである
- 剩　shèng　動 残る
- 店长　diànzhǎng　名 店長
- 水饺　shuǐjiǎo　名 水餃子

解釈

1 **「入ってみよう」** 「入って」を“进去”に訳し，動作の方向をはっきり示す。「みよう」は“看看”という動詞の重ね型を使い，「試みに～してみる」。

2 **「餃子を二人前」** 日本語には動詞がないが，中国語は「～ください」という意味の“来”を付け加えた。“来”の後ろには数量が続く。

3 **「かしこまりました」** 現代中国語は敬語や謙遜語に乏しく，「かしこまりました」「わかった」「承知しました」などいずれも“知道了”、“好的”に訳してよい。

4 **「なんだい」** “什么呀”や“什么”、“嗯”ńg などに訳せる。けげんな感じ「おやっ？」。

5 **「～じゃないか」** 中国語“不是～吗？”に相当する。反語文で，少し語気が強いため，あえて“这不是煎饺吗？”ではなく，“怎么是煎饺呢？”と訳した。

6 **「昨日の残りじゃないのか」** “不会是昨天剩的吧”信じたくない気持ち「まさかあり得ないよね」を表現するため，可能性を表す助動詞“会”の否定形を使った。

いぶこみの風景❸―――餃子

「餃子」という言葉は、日本では基本的に「焼き餃子」のことを指すが，中国では「水餃子」のことを言う。「焼き餃子」は日本ではおかず扱いで、ご飯と一緒に食べるのが普通だが，中国人は不思議に思う。なぜなら餃子は中国では主食で、普段夕食は餃子だと言ったら、餃子だけで、ほかにご飯や麺などの主食は出ない。

春節は特別で，北方の人は餃子を主食にし，さらにお魚や鶏肉、お団子、いろいろな野菜料理も作って，一家団欒の食事をする。

日本のような焼き餃子は中国で**“煎饺”**や**“锅贴”** guōtiē といい，**“锅贴”**のほうは日本の焼き餃子より大きい。

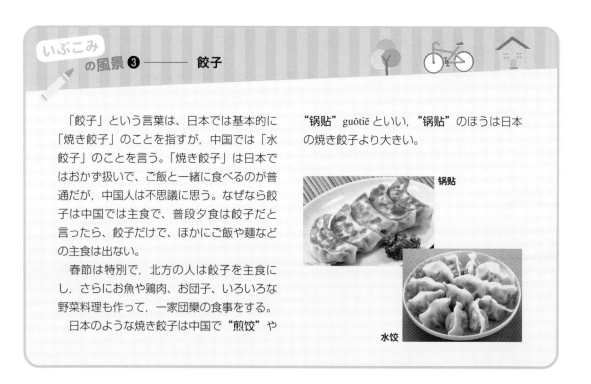

锅贴

水饺

1 “来”：—— 来两份饺子

13

注文するとき、“要”の代わりによく使う。「～ください」

1）来一碗酸辣汤，一份炒饭，一碗担担面。
Lái yì wǎn suānlàtāng, yí fèn chǎofàn, yì wǎn dàndanmiàn.

2）来两瓶啤酒，一盘花生米，一盘皮蛋。
Lái liǎng píng píjiǔ, yì pán huāshēngmǐ, yì pán pídàn.

酸辣汤：サンラータン
炒饭：チャーハン
担担面：担々麵
瓶：瓶に入っているものを数える
盘：皿に盛ったものを数える量詞
花生米：（殻を取った）落花生
皮蛋：ピータン
麻婆豆腐 mápó dòufu：マーボー豆腐
青椒肉丝 qīngjiāo ròusī：チンジャオロースー
乌冬面 wūdōngmiàn：うどん

即練 次の日本語を中国語に訳しなさい。

① マーボー豆腐を一つ、チンジャオロースーを一つください。

____

② 焼き餃子を一つ、うどんを二杯ください。

____

2 “会”：起こる可能性を表す —— 不会是昨天剩的吧

よく副詞の“一定”や語気助詞の“的”と一緒に使われ、高い可能性を表現する。また“不会～吧”の構造を用い、「そんなはずはないだろう」という驚いた気持ちや信じたくない気持ちを表現する。

1）多种树，一定会改善环境的。
Duō zhòng shù, yídìng huì gǎishàn huánjìng de.

2）期末考试不会不及格吧？
Qīmò kǎoshì bú huì bù jígé ba?

即練 日本語に合わせて中国語文を完成しなさい。

① 彼は来ると言ったら、きっと来るよ。

他说来，______________________________

② 彼の話は本当のはずはないでしょうね？

他说的话______________________________

种：植える
树：木．樹木
改善：改善する
环境：環境
及格：合格する

3 "很少"：「少ない」「めずらしい」 ——— 很少有水饺

1）这个地区很少下这么大的雨。
Zhège dìqū hěn shǎo xià zhème dà de yǔ.

2）我很少看手机，因为看手机很累眼睛。
Wǒ hěn shǎo kàn shǒujī,yīnwèi kàn shǒujī hěn lèi yǎnjing.

地区：地域．区域
眼睛：目
新鲜 xīnxiān：新鮮だ
城市 chéngshì：都市

即練 日本語に合わせて中国語を並べ替えなさい。

① ここでは新鮮な魚を食べられることがめったにない。

[的 / 吃到 / 这儿 / 能 / 新鲜 / 鱼 / 很少]

____

② 私たちは同じ町に住んでいても、顔を合わせることはめったにない。

[很少 / 同一个 / 不过 / 我们 / 城市 / 见面 / 住在]

____

発音を聞いて空欄を埋めなさい。 14

1. 两 ________ 饺子能 ________ 吗？
Liǎng (fèn) jiǎozi néng (chīwán) ma?

2. 中国人一般吃水饺，________ 吃 ________ 。
Zhōngguórén yìbān chī shuǐjiǎo, (hěn shǎo) chī (jiānjiǎo).

日中翻訳ルール 3

「可能性」を表す"会"

日本語の「…する可能性がある」「…するはずである」を中国語で表現するとき，動詞（句）の前に"会"を置くとよい。より高い可能性を表すためには，よく副詞の"一定"や文末の語気助詞"的"と一緒に使われる。

また否定の"不会"と語気助詞の"吧"を呼応させ，"不会～吧"の形式で，感情を強く出すときに使い，「そんなはずはないでしょう」という驚いた気持ちや信じたくない気持ちを表現する。"不会吧"のようにくっつけて使うこともある。

今日きっと雨が降るでしょう。／今天一定会下雨的。
この件は彼と関係があるので、来ないはずはないだろう。／这件事跟他有关系，他不会不来吧。
「あなたの元彼女はもう結婚したよ。」—「まさか！」／"你前女朋友已经结婚了。"—"不会吧！"

15

日本夫妇：怎么样，习惯点儿了吗？
Rìběn fūfù: Zěnmeyàng, xíguàn diǎnr le ma?

这房间不冷吗？
Zhè fángjiān bù lěng ma?

留学生：不冷。
liúxuéshēng: Bù lěng.

日本夫妇：（说了一会儿话）不冷吗？
Bù lěng ma?

留学生：不冷，不要紧的。
Bù lěng, búyàojǐn de.

日本夫妇：你还年轻，我们上岁数了。
Nǐ hái niánqīng, wǒmen shàng suìshu le.

留学生：啊，真对不起，我没想到。
À, zhēn duìbuqǐ, wǒ méi xiǎngdào.

単語

16

夫妇	fūfù	名 夫婦	还	hái	副 まだ，今なお
习惯	xíguàn	動 慣れる	年轻	niánqīng	形 若い
房间	fángjiān	名 部屋	上岁数	shàng suìshu	組 年をとる
一会儿	yíhuìr	数量 しばらくの間	啊	à	感 ああ，あっ
不要紧	búyàojǐn	形 構わない，問題ない	想到	xiǎngdào	動 思い至る

解釈

1 **「少し慣れましたか」** “习惯点儿了吗”日本語の「少し」は動詞の前，中国語の“一点儿”は動詞・形容詞の後である。副詞の“有点儿”は形容詞の前におく。“有点儿贵”。

2 **「この部屋」** “房间”の量詞は“个”であるが，会話の場合省略可。

3 **「大丈夫です」** “不要紧”の後に“的”をつけることによって，確定の語気を強める。

4 **「まだ若いけど」** 中国語は話の場や文脈から文意が明白で誤解が生じにくい場合，「けど」のような接続詞は特に入れないことが多い。

5 **「年をとっている」** 中国語では“上岁数”の他，“上年纪”、“老了”ともいう。

いぶこみの風景❹ ——— 表現のしかたの違い

中国人は話をするときに，基本的にはズバリ率直に言う。会話文のように、「この部屋は寒くないですか」と言われたら，自分のことを心配してくれて、「大丈夫ですか、快適に住めていますか」と聞いているのだと考える可能性が高い。特に保証人が見つけてくれた部屋なので，自分に合うかどうか心配するのも当たり前のことなので，心配させないように「大丈夫です」と答えたわけだ。

もし寒いと思えばズバリ **“这房间有点儿冷啊，开会儿空调吧”** と言うであろう。暖房をつけてほしいなら，「つけて」とはっきり言うと思う。

中国人と街を歩いていて，「おなか空かない？」と問えば大抵「いいえ、大丈夫です」と答えるだろう。自分を気遣ってくれていると思うのだ。これが日本人なら，「ああそうだね，何か美味しいものでも食べようか」となる（可能性が高い）。

語法ポイント 4

1 “不要紧”：「大丈夫だ」「問題ない」「差し支えない」 — 不要紧的 17

1）你一个人去，不要紧吗？
Nǐ yí ge rén qù, búyàojǐn ma?

2）不要紧，吃点儿药就好了。
Búyàojǐn, chī diǎnr yào jiù hǎo le.

即練 次の日本語を中国語に訳しなさい。

① 彼女の体は大丈夫ですか？

____

② 構いません、明日行ってもいいです。

____

2 文末に置く語気助詞の“的”： —— 不要紧的

断定したり肯定の語気を強める働きをする。

1）我们走吧。—— 好的。
Wǒmen zǒu ba.— Hǎo de.

2）你看，是这样做吗？—— 是的。
Nǐ kàn,shì zhèyàng zuò ma?— Shì de.

这样：このように

即練 日本語に合わせて下線部を埋めなさい。

① 一人で行くのは心配だよ。—— 大丈夫だよ。

你一个人去我不放心。—— ____________

② 今日雨が降る？—— 降るよ、傘を忘れないで。

今天会下雨吗？—— __________，__________

3 "还"：—— 你还年轻

状態や動作の持続を表す。「今なお」「まだ」。

1) 你还有机会，别着急。
Nǐ hái yǒu jīhuì, bié zháojí.

2) 她还小，不懂事。
Tā hái xiǎo, bù dǒngshì.

机会：機会．チャンス
着急：焦る．いらだつ
懂事：物分かりがよい
日期 rìqī：日にち

即練 次の日本語を中国語に訳しなさい。

① 彼女はまだ車の運転ができない。

____

② あなたはまだ試験の日にちを知らないでしょう？

____

発音を聞いて空欄を埋めなさい。 18

1. ______ 这么冷，我还有点儿不 ______ 。
(Fángjiān) zhème lěng, wǒ hái yǒudiǎnr bù (xíguàn).

2. 我 ______ 他这么 ______ 。
Wǒ (méi xiǎngdào) tā zhème (niánqīng).

日中翻訳ルール 4

接続詞

接続詞とは，前後の文の関係を示す言葉である。「しかし」「ので」「だから」など。

「あなたはまだ若い**けど**、私たちは年を取っているのでね」を中国語に訳すと **"你还年轻，我们上岁数了"** のように、日本語の接続詞「ケド」は中国語には逆接関係を示す接続詞として反映されていない。

日本語は二つの単文の関係を示すための接続詞が欠かせないが、それに対し、中国語は話の場において、あるいは文脈から前後の文の意味関係が明白で誤解が生じにくい場合、特に話し言葉では、「～ナノデ」、「～ダガ」などのような論理関係を表す接続詞を使わないことが多い。

① 私はもう買ったから心配しないで。／**我已经买了，你不用担心。**
② あなたが行くなら、私も行く。／**你去我也去。**
③ あなたはまだ若いけど、私たちは年をとっているのでね。／**你还年轻，我们上岁数了。**

第5课 ★ 麻雀をする

19

孙子：爷爷，我们 打 麻将 吧。
sūnzi: Yéye, wǒmen dǎ májiàng ba.

爷爷：好，爷爷 喝了 这 杯 茶 就 打。
yéye: Hǎo, yéye hēle zhè bēi chá jiù dǎ.

孙子：那 我 去 摆 桌子 了。
Nà wǒ qù bǎi zhuōzi le.

孙子：爷爷，摆好 了。
Yéye, bǎihǎo le.

爷爷：好，爷爷 来 了。
Hǎo, yéye lái le.

孙子：爸、妈 快 来 打 麻将 呀。
Bà、mā kuài lái dǎ májiàng ya.

爸爸、妈妈：好，好，来 了 来 了。
bàba、māma: Hǎo, hǎo, lái le lái le.

単語

20

孙子	sūnzi	名	孫
爷爷	yéye	名	おじいちゃん（父方）
打	dǎ	動	する，やる
麻将	májiàng	名	麻雀
那	nà	接	それでは，それじゃ
摆	bǎi	動	並べる，配置する
桌子	zhuōzi	名	机，テーブル
快	kuài	形	はやい
好	hǎo	形	単独で用い、同意を示す「ハイ」

解釈

1 **「おじいちゃん」** 中国では日本語の「おじいちゃん」という呼称に対し、“爷爷”（父方）と“姥爷”lǎoye（母方）の二つあり、分けて使う。「おばあちゃん」も同じ。

2 **「よし」** 承諾を表す“好”にあたる。

3 **「このお茶を飲んだらやろう」** 中国語では「V_1 +“了”+（O）+“就”V_2…」の形をとる。日本語にない「すぐ」の意味の“就”を入れる。

4 **「テーブルを出しておくね」** 日本語は「出す」だが、中国語ではきちんとテーブルを並べる、配置することを表す動詞“摆”を使った。

5 **「おじいちゃん登場」** 中国語の“登场”は特殊な場面でしか使わないため、ここでは“来了”にした。

6 **「さあやろうやろう」** 直訳は“打吧打吧”になる。両親は子供がいるテーブルのすぐそばにいないため、子供のいる場所に近づき向かうことから、“来了来了”とした。

いぶこみの風景❺——— 麻雀

日本では麻雀というと、「儲け事」「ギャンブル」というイメージが強いようだが、中国に行くと、大通りでも路地でも公園でもテーブルを囲んで楽しそうに麻雀をしている風景をよく見かける。退職者用の活動場所として麻雀部屋を用意している会社もある。

中国人にとって、一番大切な旧正月**“春节”**Chūnjié に一家が行う四大イベントは**“年夜饭”**niányèfàn、**“包饺子”**、**“看春晚”**kàn Chūnwǎn と**“打麻将”**であろう。一家団欒の場面で、麻雀は若者をしばらく携帯電話から離れさせ、三世代が楽しく会話し理解を深め、家族愛を感じさせるきっかけを作る。家族のきずなを大事にする中国人にとって麻雀は、老若男女誰でも参加でき、お年寄りのボケ防止にもなり、みんなの交流を深める健康的娯楽活動の一つである。

1 “V了～就V～”：—— 爷爷喝了这杯茶就打

「～をしてから、すぐに～する／（した）」

1）下了课就回家。
Xiàle kè jiù huí jiā.

2）大家到了 12 点就去吃午饭了。
Dàjiā dàole shí'èr diǎn jiù qù chī wǔfàn le.

即練 次の日本語を中国語に訳しなさい。

洗澡 xǐzǎo：お風呂に入る
上大学 shàng dàxué：大学に入る

① 私はテレビを見たらすぐお風呂に入ります。

____

② 私は大学に入ってすぐ中国語の勉強を始めました。

____

2 “了”：—— 我去摆桌子了

文（節）末に置いて、新たな事態の発生を聞き手に伝える。

1）我们走了，非常感谢你们的款待。
Wǒmen zǒu le, fēicháng gǎnxiè nǐmen de kuǎndài.

2）“这个给你。”——“真的，那我拿走了。”
“Zhège gěi nǐ.” — “Zhēn de, nà wǒ názǒu le.”

款待：もてなす．歓待する
上班 shàngbān：勤務に出る．出勤する
饿 è：空腹だ

即練 日本語に合わせて中国語を並べ替えなさい。

① 会社に行ってきます、今日帰るのが遅くなります。

[了 / 回来 / 去 / 晚 / 今天 / 上班 / 得]

我 ________________，________________

② おなかがペコペコだ、お母さん、ボク先に食べるよ。

[先 / 了 / 饿 / 我 / 吃 / 死 / 了]

________________，妈，________________

3 "快～呀"：「はやく～してよ」 ——— 爸、妈快来打麻将呀

1）叫你呢，快答应呀。
Jiào nǐ ne, kuài dāying ya.

2）快来帮忙呀，我一个人拿不动。
Kuài lái bāngmáng ya, wǒ yí ge rén nábudòng.

答应：応答する
拿不动：持てない

即練 日本語に合わせて中国語文を完成しなさい。

① はやく食べて、もう時間ですよ。

________________，时间不早了。

② はやくこっちに来てよ、みんながあなたを待っていますよ。

________________，大家都在等你呢。

発音を聞いて空欄を埋めなさい。 22

1. ________，我先去________。
(Yéye) , wǒ xiān qù (bǎi zhuōzi).

2. 爸爸、妈妈________茶就过去________。
Bàba、māma (hēle) chá jiù guòqu (dǎ májiàng).

日中翻訳ルール 5

"来"について

"**来**"は（別の所から話し手の所へ向かって）「来る」「やって来る」という意味である。
　你是什么时候来这儿的？ / あなたはいつこちらに来たのですか？
しかし、"**来**"は「来る」という意味だけではなく、本文に出た"**爷爷来了**"のように近い距離で「早く来てよ」と言われ「すぐ行くよ」「もう行くよ」と応じるとき、中国語は"**就来**""**来了**"と言い、「行く」の意味にもなる.
要するに、"**来**"は話し手である自分の方に近づく場合の「来る」と、話し手である相手を中心としてそこに近づく場合の「行く」の両方の使い方がある。
レストランなどで、店員が料理を持ってくるときも、"**来了，来了**"と言う。また、「李さんに、電話ですよ」と言われ、李さんが駆け寄りながら"**来了，来了**"と言う。次も同じような場面である。
　妈，快来帮忙！——哎，来了来了。
　お母さん、早く手伝いに来て！　―はいはい、いま行くよ行くよ。

23

大妈[1] dàmā: 您 给 儿子 找 对象 啊？
Nín gěi érzi zhǎo duìxiàng a?

大妈[2]: 是 啊。都 32 了，还 没有 女朋友 呢。
Shì a. Dōu sānshi'èr le, hái méiyou nǚpéngyou ne.

大妈[1]: 在 什么 单位 工作 呀？
Zài shénme dānwèi gōngzuò ya?

大妈[2]: 国企、党员、双休、月薪 两 万 多，身高 一 米 八。
Guóqǐ、dǎngyuán、shuāngxiū、yuèxīn liǎng wàn duō, shēngāo yì mǐ bā.

大妈[1]: 我 姐姐 有 个 女儿，29 了。刚 从 美国 留学 回来。又 聪明 又 漂亮，性格 也 好。
Wǒ jiějie yǒu ge nǚ'ér, èrshijiǔ le. Gāng cóng Měiguó liúxué huílai. Yòu cōngmíng yòu piàoliang, xìnggé yě hǎo.

大妈[2]: 那 您 给 问问。
Nà nín gěi wènwen.

単語 24

大妈	dàmā	名	おばさん
找	zhǎo	動	探す
对象	duìxiàng	名	（結婚、恋愛などの）相手
单位	dānwèi	名	勤め先．勤務先
国企	guóqǐ	組	国有企業
党员	dǎngyuán	名	党員．中国共産党員
双休	shuāngxiū	名	週休二日制
月薪	yuèxīn	名	月給．給料
身高	shēngāo	名	身長
刚	gāng	副	～したばかり
聪明	cōngmíng	形	聡明だ．賢い
性格	xìnggé	名	性格

解釈

1 **「息子さんのお相手さがしですか」** 中国語に訳すとき、「誰が誰のために何をする」かをはっきり示す。“您给儿子找对象啊？”のように訳した。

2 **「もう32にもなって」** “都32了”にあたる。

3 **「給料は2万元以上」** 名詞述語文“月薪两万多”に訳した。

4 **「身長は一米八〇」** 同じく名詞述語文で“身高一米八”。

5 **「アメリカ留学から戻ったばかり」** 「～したばかり」は“刚V～”。

6 **「聡明で美人、それに気立てもよいんですよ」** 並列の二つの状態を“又～又～”でつなぎ、「それに」は訳さず単に、“又聪明又漂亮，性格也好”と減訳した。

7 **「ちょっと聞いてもらえますか」** 「ちょっと～する」は中国語の動詞の重ね型にあたる、“您给问问”に訳したが、“给”の後ろにある“我”を省略。

いぶこみの風景❻——お見合いコーナー

数年前から中国の多くの都市の公園に「お見合いコーナー」なるものが自然発生的に生まれた。これは親がまだ結婚相手のない子供の情報を持って、子供の代わりに相手を探すもの。子供の先行きを思うと、どうしても結婚して欲しい。しかしいくら家庭を持つ大切さを話しても、子供たちに理解してもらえず、自ら行動するしかないと思い立ち、小さな折り畳み椅子を持って、仕事に出かけるように毎日公園に行くのである。まさに**“可怜天下父母心。”**（子を思う親の気持ちはどこも同じ）である。

語法ポイント 6

1 “都～了”：「もう～だ」「すでに～だ」 —— 都32了

25

息子さんのお相手さがしですか？
ええ、もう32にもなって、まだ彼女がいないんですよ。

1) 你都十七了，该上高三了吧。
Nǐ dōu shíqī le, gāi shàng gāosān le ba.

2) 枫叶都红了，周末去看红叶吧。
Fēngyè dōu hóng le, zhōumò qù kàn hóngyè ba.

该：当然～である．～すべきだ
高三：高校三年生
枫叶：楓の葉
红叶：紅葉
大三：大学三年生

即練 次の日本語を中国語に訳しなさい。

① もう12時です、電車はすでになくなりました。

____

② もう大学三年生なのに、まだ仕事探しを始めないの？

____

2 “刚”：「～したばかり」 —— 刚从美国留学回来

姉に娘がいましてね、29歳で、アメリカ留学から戻ったばかり。聡明で美人、それに気立てもよいんですよ。

1) 饺子刚出锅，趁热吃吧。
Jiǎozi gāng chū guō, chèn rè chī ba.

2) 我刚吃完午饭，想睡一会儿午觉。
Wǒ gāng chīwán wǔfàn, xiǎng shuì yíhuìr wǔjiào.

刚出锅：ほやほやだ．出来立て
趁：～のうちに．～に乗じて
午觉：昼寝

即練 日本語に合わせて中国語文を完成しなさい。

① 私たちは第五課を習い終わったばかりです。

我们 ______________________________

② 私は仕事をし始めたばかりで、分からないことがまだ沢山あります。

______________________________，不懂的事还很多。

3 "又～又～"：「～でもありまた～でもある」 —— 又聪明又漂亮

姉に娘がいましてね、29歳で、アメリカ留学から戻ったばかり。聡明で美人、それに気立てもよいんですよ。

1) 这个教室又宽敞又明亮。
Zhège jiàoshì yòu kuānchang yòu míngliàng.

2) 那个小女孩儿又聪明又漂亮。
Nàge xiǎo nǚháir yòu cōngmíng yòu piàoliang.

宽敞：広々としている　**明亮**：明るい
环保 huánbǎo：環境保護

即練 〔　〕の言葉を使い、"又～又～" で質問に答え、さらに訳しなさい。

① 这里的饭菜怎么样？〔便宜 / 好吃〕

答：＿＿＿＿＿＿＿＿＿＿　訳：＿＿＿＿＿＿＿＿＿＿

② 咱们骑自行车去怎么样？〔环保 / 方便〕

答：＿＿＿＿＿＿＿＿＿＿　訳：＿＿＿＿＿＿＿＿＿＿

発音を聞いて空欄を埋めなさい。 26

1. 您 ＿＿＿＿ 谁 ＿＿＿＿ 啊？
Nín (gěi) shéi (zhǎo duìxiàng) a?

2. 我 ＿＿＿＿ 的女儿 ＿＿＿＿ 留学回来。
Wǒ (péngyou) de nǚ'ér (gāng) liúxué huílai.

日中翻訳ルール 6

授受表現

日本語の授受表現では「誰に」という受益者を省くことが多い。中国語の場合は受益者を明示するのが普通である。

受益者が相手 "你" である場合，"给你～" を使う：

这个手链给你。/ このブレスレットをあげます。

这是他专门给你买的。/ これは彼がわざわざあなたに買ってあげたのよ。

受益者が話し手 "我" である場合、"给我～" を使う：

我的中国朋友给了我一本汉语词典。/ 私の中国人の友達が中国語の辞書をくれました。

他给我介绍了一份好工作。/ 彼は私にいい仕事を紹介してくれました。

第7课 ★レンタル彼女

27

儿子: 妈，春节 我 带 女友 一起 回去。
érzi: Mā, Chūnjié wǒ dài nǚyǒu yìqǐ huíqu.

妈妈: 好 啊，好 啊，快 带回来 让 我们 看看。
māma: Hǎo a, hǎo a, kuài dàihuilai ràng wǒmen kànkan.

儿子: 她 很 可爱 吧？ 那么 耐心 地 听 您 讲话，不错 吧？
Tā hěn kě'ài ba? Nàme nàixīn de tīng nín jiǎnghuà, búcuò ba?

妈妈: 晚安！
Wǎn'ān!

女孩儿: 怎么样？ 我 是 个 无可 挑剔 的 女友 吧？
nǚháir: Zěnmeyàng? Wǒ shì ge wúkě tiāoti de nǚyǒu ba?

儿子: 只 可惜 是 租 的。
Zhǐ kěxī shì zū de.

単語

28

- 春节 Chūnjié 名 春節（旧正月）
- 带 dài 動 連れる
- 女友 nǚyǒu 名 彼女
- 回去 huíqu 動 帰ってゆく，戻ってゆく
- 可爱 kě'ài 形 かわいい
- 那么 nàme 代 あんなに，そんなに
- 耐心 nàixīn 形 辛抱強い，根気がよい
- 讲话 jiǎnghuà 動 話をする
- 无可挑剔 wúkě tiāoti 成 ケチや文句をつける所がない
- 可惜 kěxī 形 惜しい，残念である
- 租 zū 動 レンタル，借りる

解釈

1 **「春節のときは彼女をつれてゆくよ」** “春节”は時間詞で、直接副詞的に動詞にかかることができるため、「とき」を減訳した。「彼女をつれてゆくよ」は“我带女友一起回去”に訳し、「つれてゆく」を「つれる」と「戻ってゆく」のように二つに分け、「家に戻ってゆく」ことをはっきりさせた。

2 **「いいわよ、早くつれてきて見せておくれ」** 喜んで承諾した気持ちを出すために「いいわよ」を“好啊，好啊”に、「見せておくれ」は“让我们看看”とした。

3 **「お母さんの言うこともよく聞くでしょう」** 「よく聞く」を“耐心地听”に、「お母さんの言うこと」を“您讲话”と訳した。中国では、お母さんでも同僚や初対面の人でも、第二人称で言うことが多い。

4 **「わたし申し分のない彼女でしょ」** 「申し分のない」は名詞「彼女」を修飾するため、「彼女」の前に“的”を入れて、連体修飾関係である事を示した。また量詞“(一) 个”を入れることによって、「一体何者か」を述べる気分を出した。

5 **「レンタル彼女ということをのぞけばね」** ここでは「のぞけばね」を残念な気持ちを出せる表現の“只可惜”（ただ惜しむらくは）に訳した。“只可惜是租的（女友)”。

いぶこみの風景❼ —— レンタル彼女（“出租女友” chūzū nǚyǒu）

今の若者は仕事が忙しい。残業もプレッシャーも多い。なかなか異性と付き合ったり恋愛をする余裕がない。

その上、結婚するとなると家や車を買わなければならない。また結婚した後の出産や育児、子供の教育などを考えたら結婚に踏み切ることが出来ない人が増えてきた。一方親は男も女も大きくなったら結婚すべきだという伝統的な観念を抱いたままだ。

春節で帰郷するとここぞと結婚を催促されるのが眼に見えている。そこでいろいろ悩んだ末に彼女をレンタルして家に連れていき、ごまかす事を思いついたわけである。この社会現象を反映して〈レンタル彼女〉という題名の映画やテレビドラマが生まれた。今はレンタル彼氏もいるそうだ。

1 複合方向補語： —— 快带回来让我们看看

29

「V+複合方向補語」の形式で動作の行われる方向を補って示す。

跑出来 pǎochulai （部屋から走って出てくる）

跑进去 pǎojinqu （外から部屋へ走って入っていく）

走进来 zǒujinlai （外から部屋へ歩いてはいってくる）
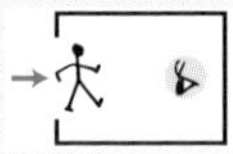

走出去 zǒuchuqu （部屋から外へ歩いて出て行く）
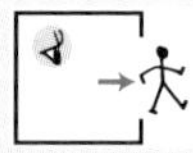

爬上来 páshanglai （上から見て、山を登ってくる）
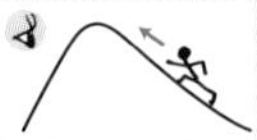

爬上去 páshangqu （下から見て、山を登っていく）

买回来 mǎihuilai （買って帰ってくる）

走回去 zǒuhuiqu （歩いてもとの場所へ戻っていく）
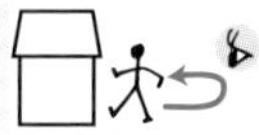

1）我给你带回来一件礼物。
Wǒ gěi nǐ dàihuilai yí jiàn lǐwù.

2）麻烦你，把这张桌子搬出去好吗？
Máfan nǐ, bǎ zhè zhāng zhuōzi bānchuqu hǎo ma?

即練 （　　）に方向補語“出来”“上去”“回去”を入れて、日本語に訳しなさい。

① 你觉得好，就都买（　　　　）吧。　訳：＿＿＿＿＿＿＿＿

② 电梯坏了，咱们爬（　　　　）怎么样？　訳：＿＿＿＿＿＿＿＿

③ 孩子们从公园里跑（　　　　）了。　訳：＿＿＿＿＿＿＿＿

礼物：プレゼント．お土産
搬：運ぶ
电梯 diàntī：エレベーター

2 “无可”： —— 我是个无可挑剔的女友吧

“无可”は二音節の動詞の前に用い、「～すべきものがない」「～する余地がない」。

无可挑剔
：非の打ちどころがない。

无可救药 jiùyào
：どうにも救済の仕様がない。

无可奈何 nàihé
：どうしようもない。

无可非议 fēiyì
：非難すべきところがない。

1）她男友的学历、身高、长相都无可挑剔。
Tā nányǒu de xuélì、shēngāo、zhǎngxiàng dōu wúkě tiāoti.

2）你说什么他都不听，我对他已是无可奈何。
Nǐ shuō shénme tā dōu bù tīng, wǒ duì tā yǐ shì wúkě nàihé.

3）他喜欢你到了无可救药的地步。
Tā xǐhuan nǐ dàole wúkě jiùyào de dìbù.

4）他说的是事实，这一点无可非议。
Tā shuō de shì shìshí, zhè yì diǎn wúkě fēiyì.

学历：学歴
长相：容貌．容姿
已：すでに．もう
地步：境地．状況
事实：事実

3 "可惜"：「惜しむらくは～」「残念なのは～」 ——— 只可惜是租的

1）听说这场球赛非常精彩，只可惜我没能去看。
Tīngshuō zhè chǎng qiúsài fēicháng jīngcǎi, zhǐ kěxī wǒ méi néng qù kàn.

2）朋友送我一袋美国点心，可惜医生不让我吃甜的东西。
Péngyou sòng wǒ yí dài Měiguó diǎnxin, kěxī yīshēng bú ràng wǒ chī tián de dōngxi.

听说：聞くところによると～だそうだ
场：試合や音楽会などの量詞
球赛：球技の試合　**精彩**：素晴らしい
甜：甘い

即練 日本語に合わせて中国語文を完成しなさい。

① 二人は四年間恋愛関係にあったが、残念ながら最終的にはやはり別れてしまった。

两个人谈了四年恋爱，＿＿＿＿＿＿＿＿＿＿＿＿＿＿＿＿

② あの音楽会を聞きたかったのですが、残念なことにチケットが売り切れた。

我很想听那场音乐会，＿＿＿＿＿＿＿＿＿＿＿＿＿＿＿＿

分手 fēnshǒu：別れる
票 piào：チケット

発音を聞いて空欄を埋めなさい。 30

1. 你什么时候＿＿＿＿女友回来＿＿＿＿我们看看？
Nǐ shénme shíhou (dài) nǚyǒu huílai (ràng) wǒmen kànkan?

2. 她能那么＿＿＿＿地听您讲话，她很＿＿＿＿吧？
Tā néng nàme (nàixīn) de tīng nín jiǎnghuà, tā hěn (kě'ài) ba?

日中翻訳ルール 7

副詞"只" zhǐ

「ただ、だけ」にあたる"只"は副詞なので、普通は述語の前に置かれる。

只可惜是租的女友。／（ただ惜しいのはレンタル彼女であることだ→）レンタル彼女ということをのぞけばね。

我只买了一点吃的。／食べ物を少ししか買わなかったです。

ただし、名詞や数量に対して限定する働きもあり、その場合はその前に置かれる。

他这次来日本，只电饭煲就买了五个。／彼は今回日本に来て、炊飯器だけで五個買いました。

只两个月没见，你头发怎么就都白了呢？／二ケ月会わなかっただけで、どうして髪の毛が全部白くなってしまったのか。

マンガ いぶこみ 劇場

第8课 ★ ピアノ、おじょうずね

31

邻居: 你 女儿 钢琴 弹得 不错 呀。
línjū: Nǐ nǚ'ér gāngqín tánde búcuò ya.

妻子: 啊，她 很 喜欢 弹 钢琴，将来 想 当 钢琴家 呢。
qīzi: Ā, tā hěn xǐhuan tán gāngqín, jiānglái xiǎng dāng gāngqínjiā ne.

妻子: 邻居 表扬 女儿 钢琴 弹得 好 呢。
Línjū biǎoyáng nǚ'ér gāngqín tánde hǎo ne.

丈夫: 你 真 傻，这 时候 应该 说：吵着 你们 了 吧，真 对不起。
zhàngfu: Nǐ zhēn shǎ, zhè shíhou yīnggāi shuō: chǎozhe nǐmen le ba, zhēn duìbuqǐ.

妻子: 为 什么？难道 她 不 是 真心 在 表扬 我们 女儿 吗？
Wèi shénme? Nándào tā bú shì zhēnxīn zài biǎoyáng wǒmen nǚ'ér ma?

単語

32

邻居	línjū	名	お隣さん，隣近所（の人）
钢琴	gāngqín	名	ピアノ
弹	tán	動	弾く
得	de	助	動詞や形容詞の後に用い、補語を導く
妻子	qīzi	名	妻
当	dāng	動	～になる
表扬	biǎoyáng	動	ほめる
丈夫	zhàngfu	名	夫
傻	shǎ	形	頭が悪い，ばかである
应该	yīnggāi	助動	～べきである
吵	chǎo	動	騒がしくする
难道	nándào	副	まさか～ではあるまい
真心	zhēnxīn	名	本心（から）

解釈

1 **「ピアノおじょうずね」** 中国語では「ピアノが上手」とは言わず、「(ピアノを) 弾くのが上手だ」という。動詞が出てくる！

2 **「ピアノが好きで」** “喜欢弹钢琴”、ここでも動詞“弹”を加え、「聴く」や「見る」ではなく、「引く」ことが好きだと明確にする。

3 **「お隣さんに，娘のピアノほめられちゃった」** 中国語では受身文は不愉快や、害を受けたことなどに多く使われるが、“表扬”はよいことなので、あえて能動文を使って訳した。

4 **「バカだなあ」** “你真傻”と訳す。主語を明示し、副詞“真”を形容詞の前に加える。

5 **「「うるさくてすみません」と言うもんだよ」** 日本語の「と言うもんだよ」と「言うべきだよ」はニュアンス的に違いがあるが、中国語では“应该说”で対応できる。「うるさくて」は日本語では誰がそう感じたかを示してないが、中国語では明確に表さなければならないので、“吵着你们了吧”とはっきり騒がしくて貴方たちに迷惑かけたとまで言う。

6 **「うちのことをほめているんじゃないの」** 「うちのこと」を“我们女儿”に、「じゃない」を“不是”、さらに“难道 ~吗”の構文を使い、驚き、信じがたい気持ちを表現した。

いぶこみの風景❽ ―― 近所迷惑

中国の町は全体的に賑やかな雰囲気に包まれている。生活音が多いので、音に対してみんな慣れており、あまり違和感がない。電気屋さんの前を通ると客を引き寄せるために流す大音量の流行歌、街中ではひっきりなしの車のクラクション、団地内で響きわたるダンスの音楽などなどに対してはあまりうるさいとは感じない。近所付き合いもわりと友好的なのでトラブルが起こることはとても少ない。例えばピアノを弾く場合は隣人に声をかけた上で、時間をきちんと守れば近所迷惑にならない。

そもそも、近所迷惑という言葉がない。

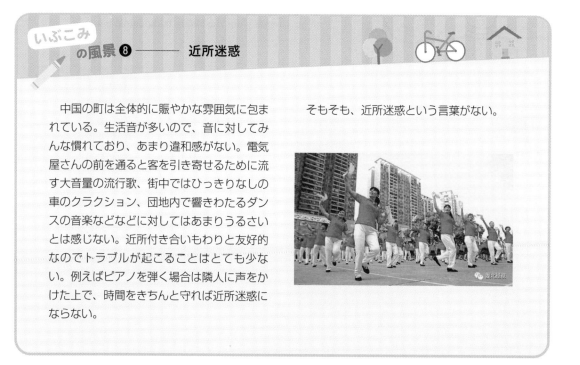

1 様態補語： —— 你女儿钢琴弹得不错呀

33

“得”を動詞や形容詞の後に用い、実現済みや進行中の動作、また恒常的に行う動作の様態・程度を表す補語を導く。

1）他把房间打扫得非常干净。
Tā bǎ fángjiān dǎsǎode fēicháng gānjìng.

2）他虽然歌唱得不好，但是舞跳得很好。
Tā suīrán gē chàngde bù hǎo, dànshì wǔ tiàode hěn hǎo.

歌手 gēshǒu：歌手
考上 kǎoshàng：試験に合格する
名牌 míngpái：有名ブランド
一夜 yíyè：一晩中

即練 日本語に合わせて中国語文を完成しなさい。

① 彼は歌を歌うのが歌手と同じように上手ですね。

他 ＿＿＿＿＿＿＿＿＿＿ 跟歌手一样好。

② 息子が名門大学に受かって、うれしくて一睡もできなかったです（一晩中眠れなかったです）。

儿子考上了名牌大学，＿＿＿＿＿＿＿＿＿＿

2 “应该”：（助動）「～すべきである」 —— 这时候应该说

1）平时忙，节假日应该去看看父母。
Píngshí máng, jiéjiàrì yīnggāi qù kànkan fùmǔ.

2）你不应该用这种态度对待朋友。
Nǐ bù yīnggāi yòng zhè zhǒng tàidu duìdài péngyou.

平时：普段．平素
忙：忙しい
节假日：祝日．休日
种：種類
态度：態度
对待：対応する
浪费 làngfèi：浪費する
资源 zīyuán：資源

即練 次の日本語を中国語に訳しなさい。

① 学生はしっかり勉強すべきである。

＿＿＿＿＿＿＿＿＿＿

② われわれは資源を浪費すべきではない。

＿＿＿＿＿＿＿＿＿＿

3 “难道”：「まさか〜ではあるまい」 ——— 难道她不是真心在表扬我们女儿吗

反語文に用い、語気を強める。多くの場合、“吗”を文末に置く。

1）难道你不想去爬一次富士山吗？
Nándào nǐ bù xiǎng qù pá yí cì Fùshìshān ma?

2）他已经道歉了，难道你还不能原谅他吗？
Tā yǐjīng dàoqiàn le, nándào nǐ hái bù néng yuánliàng tā ma?

道歉：謝る
原谅：許す．勘弁する

即練 日本語に合わせて中国語を並べ替えなさい。

① まさか知りたくないわけがないよね？

[不想 / 你 / 知道 / 吗 / 难道]

____

② まさかあなたがスパゲティをきらいなわけはないよね？

[不喜欢 / 难道 / 你 / 意大利面 / 吗 / 吃]

____

発音を聞いて空欄を埋めなさい。 34

1. 我女儿很喜欢 ________ ，将来想 ________ 钢琴家呢。
Wǒ nǚ’ér hěn xǐhuan (tán gāngqín), jiānglái xiǎng (dāng) gāngqínjiā ne.

2. ________ 邻居不是在真心 ________ 我们女儿吗？
(Nándào) línjū bú shì zài zhēnxīn (biǎoyáng) wǒmen nǚ’ér ma?

日中翻訳ルール 8

兼語文

本文にある「お隣さんに，娘のピアノ褒められちゃった」を中国語に訳すと、動詞“弾”を加え、“邻居表扬女儿钢琴弹得好呢。”となる。

この文を分析すると、“女儿”が前の動詞“表扬”の目的語であり、後に続く動詞“弹”の主語を兼ねて「兼語」となっている。こういう構造の文を「兼語文」と言う。「兼語文」によく使われる動詞は“请”“派”“送”“要求”“欢迎”“邀请”“让”などがある。

　她请我们吃饺子了。/ 彼女は私たちに餃子をご馳走してくれました。
　朋友送我去机场。/ 友達は私を空港まで見送ります。

朋友送 我 去机场 　“我”は動詞“送”Vの目的語O、且つ“去机场”の主語S．
　　V　O/S

35

姑姑：回去 的 礼物 都 买好 了 吗？
gūgu: Huíqu de lǐwù dōu mǎihǎo le ma?

侄女：差不多 了。这 对 花瓶 是 给 我 妈 的，这 套 茶具 是 给 我 哥 的。
zhínü: Chàbuduō le. Zhè duì huāpíng shì gěi wǒ mā de, zhè tào chájù shì gěi wǒ gē de.

姑姑：还 需要 买 什么 吗？
Hái xūyào mǎi shénme ma?

侄女：闺蜜 说 日本 的 免洗米 很 好吃，让 我 帮 她 买 5 公斤。
Guīmì shuō Rìběn de miǎnxǐmǐ hěn hǎochī, ràng wǒ bāng tā mǎi wǔ gōngjīn.

姑姑：5 公斤？ 免洗米？
Wǔ gōngjīn? Miǎnxǐmǐ?

単語 36

姑姑	gūgu	名	おばさん（父の姉妹）
礼物	lǐwù	名	プレゼント，お土産
侄女	zhínü	名	姪
差不多	chàbuduō	形	まあまあだ，ほぼ十分である
对	duì	量	二つで一組のものを数える
花瓶	huāpíng	名	花瓶
套	tào	量	そろい，セットになったものを数える
茶具	chájù	名	茶道具，茶器
需要	xūyào	動	必要がある
闺蜜	guīmì	名	女性の親友
免洗米	miǎnxǐmǐ	名	無洗米
帮	bāng	動	手伝う，手助けする
公斤	gōngjīn	量	キログラム

解釈

1 **「おばさん」** 中国の呼称は父系か母系かではっきり分かれる。「おばさん」は父の姉妹だと、“姑姑”gūgu で、母の姉妹だと、“姨”yí または“姨妈”yímā と呼ぶ。

2 **「帰りのお土産はもうそろった？」** 「帰る」は“回”で、“去”という方向補語をつけ、“回”の動作の方向を明示した。「揃った」は“买好”と訳し、買うという動作が首尾よく終わることを表す。

3 **「この花瓶」「このお茶セット」** 日本語では量詞を使っていないが、中国語に訳すときは必要である。“花瓶”はペアである場合、量詞“对”を使い、お茶セットは揃いであるため、量詞“套”を用いる。

4 **「～はお母さんに，～は兄に」** この日本語は述語部分を省略しているが、中国語に訳す場合は述語を加え“是给我妈的”、“是给我哥的”とする。

5 **「友達が～というから，彼女に5キロほど頼まれたの」** 日本語には理由を示す接続詞「から」があるが、中国語では必要がない。一方、中国語では「誰が誰に何をさせる」のかを明確に言う。「友達が私に買ってきてほしい」なら“闺蜜要我帮她买 5 公斤”となる。

いぶこみの風景❾——— 恩返し

経済が発達していなかった時代、生活するためには人の助けが必要であった。80 年代まで、物資が非常に不足していた。例えば、自転車を購入したい場合、お金だけでなく、別に自転車購入券が必要で、券を持っている人を探すために知人に頼まなければならなかった。**“滴水之恩，当涌泉相报”**（一滴の水のごとき恩を受けたら、湧き出る泉のように恩返しをすべし）という言葉があるように人から恩恵を受けたら、たくさん恩返しをしなければならない。中国人はこの教えに従い友達のためには、力を尽くすのです。

1 疑問詞抱え型“吗”疑問文：—— 还需要买什么吗

🔊37

疑問詞疑問文の文末に“吗”を加える。

1）你要去参加什么宴会吗？穿得这么漂亮。
Nǐ yào qù cānjiā shénme yànhuì ma? Chuānde zhème piàoliang.

2）谁在敲门吗？我好像听到了敲门声。
Shéi zài qiāo mén ma? Wǒ hǎoxiàng tīngdàole qiāo mén shēng.

宴会：宴会．パーティー
好像：～のようだ．～みたいだ
敲门：ドアをノックする

即練 日本語に合わせて中国語を並べ替えなさい。

① こんなに遅い時間に、どこかへ行くんですか？

［ 还要 / 这么 / 吗 / 哪儿 / 晚了 / 去 ］

____________，你 ____________

② 何か食べたいものありますか？作ってあげますよ。

［ 给 / 什么 / 你 / 吃 / 想 / 吗 / 做 ］

你 ____________？我 ____________

2 “帮”：「手伝う」「手助けする」—— 让我帮她买5公斤

1）对不起，能帮我把行李拿下来吗？
Duìbuqǐ, néng bāng wǒ bǎ xíngli náxialai ma?

2）我不知道哪件好，你帮我选一件吧。
Wǒ bù zhīdào něi jiàn hǎo, nǐ bāng wǒ xuǎn yí jiàn ba.

行李：荷物
选：選ぶ

即練 ピンインを漢字になおし、日本語にしなさい。

① 我没机会见他，麻烦你 ____________。 訳：____________

bāng wǒ jiāogěi tā.

② 您 ____________ 这篇文章好吗？ 訳：____________

bāng wǒ kàn yíxià

3 **量詞**　下から最も適当な量詞を選んで（　）の中に入れなさい（それぞれ1回だけ使用）。

对 duì　套 tào　件 jiàn　条 tiáo　家 jiā　块 kuài
只 zhī（鳥・獣・虫などの動物を数える）
场 chǎng（上演・上映の回数）
顿 dùn（食事、叱責・殴打などの回数）

那（　　）杯子	这（　　）房子	一（　　）电影
两（　　）豆腐	三（　　）饭	四（　　）衣服
五（　　）餐厅	六（　　）小猫	七（　　）裤子

発音を聞いて空欄を埋めなさい。　38

1. 我买了一对 ________ 和一套 ________ 。
   Wǒ mǎile yí duì (huāpíng) hé yí tào (chájù).

2. 我 ________ 要我帮她买 5 ________ 免洗米。
   Wǒ (guīmì) yào wǒ bāng tā mǎi wǔ (gōngjīn) miǎnxǐmǐ.

日中翻訳ルール 9

量詞

中国語は量詞をよく使う。日本語に「一つ」がない場合でも、中国語に訳すときは“(一)个”(yí)ge がないと文の座りが悪くなることがある。本課でも「この＋名詞」を中国語にするときは、量詞を添える。「その・あの・どの＋名詞」の時も同様だ。

あのことはもう過ぎたことだ。/ 那件事已经是过去的事了。

見て、あのセーターはどう？/ 你看，那件毛衣怎么样？

「ちょっと」「ついでに」という軽いニュアンスを表す場合、量詞を入れるとその気分が表せる。

ちょっと本を買いに行きます。/ 我去买本书。

夏休みにちょっと故郷に帰った。/ 暑假我回了趟老家。

39

中国人: 已经 中午 了，肚子 饿 了。
Zhōngguórén　Yǐjīng zhōngwǔ le, dùzi è le.

哦，是 日本 的 便当。
Ò, shì Rìběn de biàndāng.

中国人: 哎呀，是 凉 的 呀？
Āiyā, shì liáng de ya?

日本人: 晚上 咱们 在 银座 吃 日本 料理。
Rìběnrén　Wǎnshang zánmen zài Yínzuò chī Rìběn liàolǐ.

中国人: 太 好 了。
Tài hǎo le.

中国人: 哎呀，又 是 凉 的。我 想 吃 热乎乎 的 中国 料理。
Āiyā, yòu shì liáng de. Wǒ xiǎng chī rèhūhū de Zhōngguó liàolǐ.

単語　40

肚子	dùzi	名 おなか	凉的	liáng de	組 冷たいもの
饿	è	形 空腹だ	银座	Yínzuò	固 銀座
哦	ò	感（何かを気づき、了承するとき）ああ．あっ	料理	liàolǐ	名 料理
便当	biàndāng	名 弁当	太～了	tài~le	組 とっても～だ
哎呀	āiyā	感 あっ．あれっ．うわぁ	热乎乎	rèhūhū	形 温かい．熱々の

解釈

1 **「お、～弁当だ」** 「お」は感嘆詞の“哦”で、「そうだったのか」と気づいたり納得した場合に使う。「弁当」を中国語に訳すとき、“盒饭”héfàn や“便当”に訳せる。日本のような弁当はよく“便当”と言うようになった。

2 **「なんだい、これは冷たいよ」** 「なんだい」は“哎呀”とし、意外なことに対する驚きや感嘆を表す。「これは冷たいよ」は形容詞述語文であるが、中国語に訳すときは形容詞述語文を使わず、“是～呀”の構文を用いる。「これは冷たいものなのか／“是凉的呀？”」で驚きの意を示す。

3 **「夜は銀座で日本料理だよ」** 日本語には動詞がないが、中国語には動詞が必要である。“晚上咱们在银座吃日本料理”。

4 **「やった！」** 喜びの気持ちを表すときによく使う、“太好了”。

5 **「うわぁ、また冷たいご飯だ」** 「うわぁ」は驚きの気持ちを表す“哎呀”にあたるが、「冷たいご飯」は“凉的”とし、“又是凉的”と訳した。

6 **「温かい中華」** “热乎乎”を用い、“热”の一文字だけより暖かい状態が生き生きと表現される。

いぶこみの風景⑩ ―― 冷たいものを避ける

漢方の理論では**“寒凉伤脾胃”**hánliáng shāng píwèi（冷たいものは脾や胃を傷める）という説がある。冷たいものを食べたり飲んだりするのが体に悪いということは中国人の常識になっている。

レストランで食事をする時、最初に水ではなく暖かいお茶が供されるのが普通である。ほとんどの列車の中でお湯を提供するサービスがあるくらい、水を飲まない人が少なくない。弁当も温めて食べるのが普通である。

しかしビールについては冷やして飲む方が美味しいと思う人が増えてきた。サラダと共に、これは外来文化の影響であろう。

語法ポイント 10

1 感嘆詞“哎呀”：——— 哎呀，是凉的呀

41

意外なことに対する驚きや感嘆・嘆息を示す。「あっ、あれっ、うわぁ」。

1）哎呀，原来是你呀，快进来！
Āiyā, yuánlái shì nǐ ya, kuài jìnlai!

2）哎呀，怎么一点儿都没吃呀，不可口吗？
Āiyā, zěnme yìdiǎnr dōu méi chī ya, bù kěkǒu ma?

可口：口に合う
生 shēng：なま
鸡蛋 jīdàn：卵

即練 次の日本語を中国語に訳しなさい。

① あら、生タマゴは食べられるのですか？

____

② あら、この料理は全部あなたが作ったのですか？

____

2 “的”フレーズ：——— 是凉的呀

単語やフレーズの後ろに“的”をつけると、「～のもの」という“的”フレーズができる。

1）凉的我不喜欢吃，我喜欢吃热的。
Liáng de wǒ bù xǐhuan chī, wǒ xǐhuan chī rè de.

2）丝绸的和麻的都太贵，我买的是化纤的。
Sīchóu de hé má de dōu tài guì, wǒ mǎi de shì huàxiān de.

丝绸：シルク
麻：あさ
化纤：化学繊維
动 dòng：触る．手を出す

即練 日本語に合わせて中国語文を完成しなさい。

① 私のものを取らないでください、私もあなたのものには手を出しません。

________________ 你别拿，________________ 我也不会动。

② 私はあの大きいのがほしいです、小さいのは要りません。

我要 ________________，不要 ________________。

3 ABB 型形容詞： ——— 我想吃热乎乎的中国料理

ABB 型形容詞そのものが程度が高いことを表す形式なので、“很”のような程度副詞を前に置けず、“不”で否定もできない。よく後に“的”をつけて用いる。

1）这里一到晚上黑乎乎、静悄悄的。
Zhèli yí dào wǎnshang hēihūhū、jìngqiāoqiāo de.

2）昨晚的一场大雪，使外面变成了一片白茫茫的世界。
Zuówǎn de yì cháng dà xuě,shǐ wàimian biànchéngle yí piàn báimángmáng de shìjiè.

即練 日本語に合わせて並べ替えなさい。

① この子はぽっちゃりしていてなんと可愛いでしょう。

[可爱 / 多 / 这孩子 / 啊 / 胖乎乎 / 的]

② 彼は何をしてもいつものんびりです。

[做 / 慢悠悠 / 总是 / 事 / 的 / 他]

黑乎乎：真っ暗だ
静悄悄：ひっそり静かだ
场：（風霜雨雪などの現象を数える）回
片：面積範囲の広いものに用いる “一片”＝「一面」
白茫茫：真っ白
胖乎乎 pànghūhū：ぽっちゃりした
慢悠悠 mànyōuyōu：のんびりと．ゆっくりと

発音を聞いて空欄を埋めなさい。 42

1. 你 ＿＿＿ 不饿吗？ ＿＿＿ 中午了。
Nǐ (dùzi) bú è ma? (Yǐjīng) zhōngwǔ le.

2. 你想不想去 ＿＿＿ 吃日本 ＿＿＿？
Nǐ xiǎng bu xiǎng qù (Yínzuò) chī Rìběn (liàolǐ)?

日中翻訳ルール 10

「また」もう一度“再”“又”“还”

動作や状態の重複を表す「また」に当たるものとして“再”“又”“还”の三つある。
“再”は一度目があり、それを新たにもう一度繰り返す。
もう一度言ってください。/ 请你再说一遍。
“又”はすでに起こったことについての重複に用いる。
彼は昨日来たのに、今日また来た。/ 他昨天来了，今天又来了。
“还”は引き続き、「なお」という継続・持続に用いる。
あなたは明日また来ますか？ / 你明天还来吗？
あなたはまだ寝ていないの、体に悪いよ。/ 你还没有睡呀，对身体可不好啊。

43

日本人 Rìběnrén：今天 我 就 要 离开 工作了 三十 年 的 公司 了。
Jīntiān wǒ jiù yào líkāi gongzuòle sānshí nián de gōngsī le.

同事们 tóngshìmen：辛苦 了。
Xīnkǔ le.

日本人：我 身体 还 很 好。欸，中国 的 公司 正在 招人。
Wǒ shēntǐ hái hěn hǎo. Éi, Zhōngguó de gōngsī zhèngzài zhāorén.

面试官 miànshìguān：你 三十 年 都 没 换过 工作 呀？
Nǐ sānshí nián dōu méi huànguo gōngzuò ya?

日本人：是 的。
Shì de.

面试官：三十 年 竟然 没 跳过 一 次 槽，看 样子 没 什么 能力。不 能 采用。
Sānshí nián jìngrán méi tiàoguo yí cì cáo, kàn yàngzi méi shénme nénglì. Bù néng cǎiyòng.

単語

44

就要～了	jiù yào~ le	組	もうじき～だ
离开	líkāi	動	離れる
同事	tóngshì	名	同僚
辛苦	xīnkǔ	形	苦しい、つらい、苦労する
招人	zhāorén	動	人を募集する
面试官	miànshìguān	名	面接官
换	huàn	動	換える
竟然	jìngrán	副	意外にも、なんと
跳槽	tiàocáo	動	転職する
看样子	kàn yàngzi	組	「見たところ～のようだ」
采用	cǎiyòng	動	採用する

解釈

1 **「三十年勤めた会社」** 時間の長さを表す語句は動詞の後ろに置き、“工作了三十年的公司”とする。“我学了两个小时日语”も同じ構造。

2 **「三十年勤めた会社、今日で退職だ」** 中国語の“退休”は目的語の「会社」を後ろにとれないため、動詞の“离开”を使って、“离开工作了三十年的公司”とした。「今日」はまだ過ぎていないので、“就要～了”によって、「退職」が間近なことを表した。

3 **「おつかれさま」** 日本語の「お疲れ様」と「ご苦労様」はどちらも中国語では“辛苦了”と訳される。

4 **「中国の会社で人を募集してるぞ」** 「～している」を“正在V～”で、“中国的公司正在招人”とした。

5 **「三十年も同じ会社ですね」** 「も」は“都”にあたる。日本語は肯定文だが、中国語は否定文で訳した。“你三十年都没换过工作呀”

6 **「他からさそいが来なかったんじゃ」** “没跳过一次槽”と訳し、“竟然”を入れて、意外であることや信じがたい気持ちを表す。

7 **「見込みがないな」** “看样子”を入れて、推量の語気を加えた。

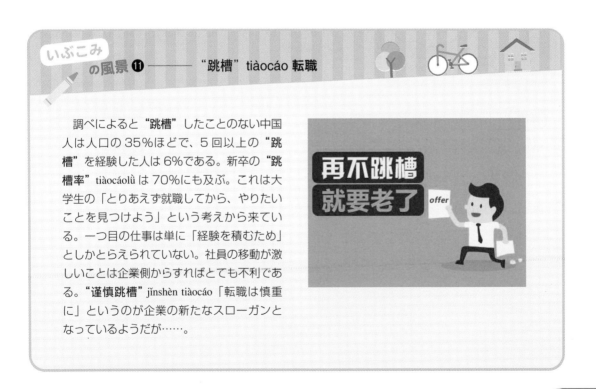

いぶこみの風景⑪ ―――― “跳槽” tiàocáo 転職

調べによると **“跳槽”** したことのない中国人は人口の35%ほどで、5回以上の **“跳槽”** を経験した人は6%である。新卒の **“跳槽率”** tiàocáolǜ は70%にも及ぶ。これは大学生の「とりあえず就職してから、やりたいことを見つけよう」という考えから来ている。一つ目の仕事は単に「経験を積むため」としかとらえられていない。社員の移動が激しいことは企業側からすればとても不利である。**“谨慎跳槽”** jǐnshèn tiàocáo「転職は慎重に」というのが企業の新たなスローガンとなっているようだが……。

1 "就要～了"：「もうすぐ～だ」「間もなく～だ」

45

——— 我就要离开工作了三十年的公司了

1) 春天来了，樱花就要开了。
Chūntiān lái le, yīnghuā jiù yào kāi le.

2) 再有三个月，我们就要离开大学走向社会了。
Zài yǒu sān ge yuè, wǒmen jiù yào líkāi dàxué zǒuxiàng shèhuì le.

樱花：桜の花
开：咲く
走向：～に向かって歩く
开门 kāimén：開店する
过 guò：過ごす

即練 次の日本語を中国語に訳しなさい。

① 9時50分になりました。お店がもうすぐ開きます。

____

② もうすぐ母の誕生日です。一つの大きなケーキを買ってあげようと思います。

____

2 "竟然"：「意外にも」「なんと」 ——— 三十年竟然没跳过一次槽

1) 她一顿饭竟然吃了三碗拉面。
Tā yí dùn fàn jìngrán chīle sān wǎn lāmiàn.

2) 你竟然把女朋友的生日忘了，她一定会生气的。
Nǐ jìngrán bǎ nǚpéngyou de shēngri wàng le, tā yídìng huì shēngqì de.

生气：怒る
上网 shàngwǎng：インターネットをする
玩儿游戏 wánr yóuxì：ゲームをする
厉害 lìhai：すごい

即練 日本語に合わせて文を完成しなさい。

① 70歳の祖父でもオンラインゲームをするなんて。

70岁的爷爷 ____________________

② 彼はなんと四種類の言語を話すことができるなんて、すごい。

他 ____________________ ，真厉害。

3 "看样子"：—— 看样子没什么能力

「見たところ～のようだ」「見たところ～しそうだ」「どうやら」

1) 看样子这个工作下星期也做不完。
Kàn yàngzi zhèige gōngzuò xià xīngqī yě zuòbuwán.

2) 看样子提高国民消费税已成定局。
Kàn yàngzi tígāo guómín xiāofèishuì yǐ chéng dìngjú.

提高：高める
国民：国民
消费税：消費税
已成：すでに～なる
定局：決まった状態
认真 rènzhēn：まじめだ
兴趣 xìngqu：興味

即練 "看样子"を用いて次の会話を完成しなさい。

① A：天黑下来了。

B：________________________________

② A：你看，他听得多认真啊。

B：________________________________很感兴趣。

発音を聞いて空欄を埋めなさい。 46

1. 侄女在 ________ 公司工作了半年后，就 ________ 了。
Zhínü zài (yì jiā) gōngsī gōngzuòle bàn nián hòu, jiù (tiàocáo) le.

2. 你 ________ 四十年都没 ________ 工作呀？
Nǐ (jìngrán) sìshí nián dōu méi (huànguo) gōngzuò ya?

日 中 翻訳ルール 11

「間もなく～する」

「～」の部分が数量や季節などを表す名詞である場合、**"快～了"**を多く使う。

息子はもうすぐ8歳になります。/ **我儿子快8岁了。**

もうすぐ12時です。/ **已经快12点了。**

時間が切迫しているニュアンスを出す場合、**"快要～了" "就要～了"**を使うとよいが、**"就要～了"**は**"快要～了"**よりさらに差し迫っている感じがする。より切迫した感じを出す場合、**"就要"**の前に**"马上"**をつけて**"马上就要～了"**の形をとる。本課のように具体的な時間を表す語が前にある場合、**"就要～了"**を使う。

もうすぐ春節です、何か予定がありますか？/ **快要到春节了，你有什么打算？**

ご飯はもうできるから、早く手を洗ってきて！/ **饭马上就要好了，快去洗手！**

彼は明日もう帰国します。/ **他明天就要回国了。**

47

客人：王 师傅，孩子 多 大 了？
kèren: Wáng shīfu, háizi duō dà le?

按摩师：我 一 个 女儿，一 个 儿子。女儿 高三，儿子 结婚 了。
ànmóshī: Wǒ yí ge nǚ'ér, yí ge érzi. Nǚ'ér gāosān, érzi jiéhūn le.

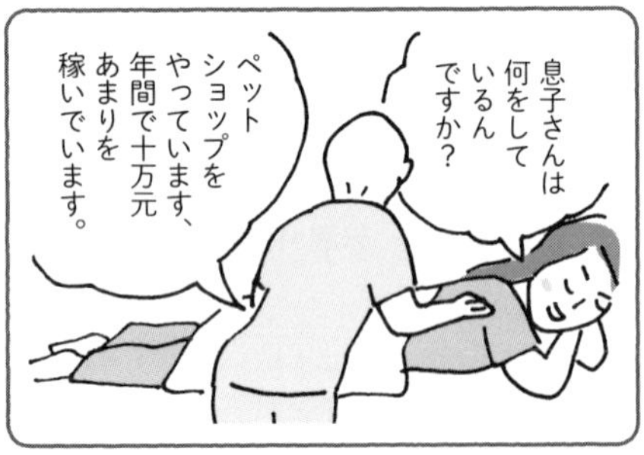

客人：您 儿子 做 什么 工作 呀？
Nín érzi zuò shénme gōngzuò ya?

按摩师：儿子 开了 个 宠物 店，一 年 能 赚 10 多 万。
Érzi kāile ge chǒngwù diàn, yì nián néng zhuàn shí duō wàn.

客人：那 您 太 省心 了。您 也 这么 能干，妻子 就 不用 工作 了 吧。
Nà nín tài shěngxīn le. Nín yě zhème nénggàn, qīzi jiù búyòng gōngzuò le ba.

按摩师：是，没 让 她 干 什么。
Shì, méi ràng tā gàn shénme.

単語 48

师傅	shīfu	名	師匠，親方
按摩师	ànmóshī	名	マッサージ師
高三	gāosān	名	高校三年生
结婚	jiéhūn	動	結婚する
开	kāi	動	設ける，開く
宠物	chǒngwù	名	ペット
赚	zhuàn	動	稼ぐ
省心	shěngxīn	動	心配しない，気苦労することがない
能干	nénggàn	形	腕前が良い
不用	búyòng	副	しなくてもよい，～するには及ばない

解釈

1 **「王さん」** マッサージ師への呼びかけには“师傅”shīfu がふさわしい。一般に運転手や大工、コックさんなど、手に職をもつ「技能系」の人に対して用いられる。一方“老师”lǎoshī は「教育系」であるが、近年指示範囲を広げ、必ずしも「教育系」ではない、作家や大物俳優、映画監督など、広く「文科系」にも使われるようになってきた。

2 **「娘が１人に息子が１人です」** 中国語では人の量詞に“个”を使うため、“我一个女儿，一个儿子”と訳す。

3 **「高三」** 中国でも高校三年生を“高三”と略称する。ちなみに大学三年生は“大三”という。

4 **「息子は結婚しています」** 「結婚する」のように行為が瞬間的に終わる動作の場合、日本語は変化後の状態（「結婚している」）として表すところ、中国語は動詞の後ろに“了”をつけて示す。“儿子结婚了”、“我家养了一条狗”。

5 **「ペットショップをやっています」** 対応する中国語がない。「開く」という意味の“开”を使って「ペットショップを開いた」と訳した。“开了个宠物店”。

6 **「十万元あまり」** 「数量＋あまり」は「数詞＋“多”＋量詞」と訳す。

7 **「あなたは～だから、奥さんは～いいよね」** “您这么能干，妻子就不用工作了”の訳文にある“就”は副詞で、ここでは「あなたがなかなかのやり手である」状況下において、自然な成り行き上どうなるかを表すのに必要。

いぶこみの風景⑫――― プライバシー

中国のプライバシー観念は比較的薄い。知人や友人だけではなく、初対面の人に対しても話している間に相手の仕事や収入、家庭の事情などに触れることがある。これに対し、あまり抵抗や反感を感じることはない。中国では友達の間なら何でも話し合う傾向がある。悩みや心配事を話し分かち合う事は**“分担”**fēndān と言い、喜びや幸せを話し分かち合う事は**“分享”**fēnxiǎng と言う。友達だったら**“分担”**と**“分享”**をするのが当然だと多くの人が思っている。

ただ最近では、貧富の差やインターネットの発展によって、個人情報を大切に扱うようになってきた。富裕層の間ではプライバシー意識も高くなり、**“隐私”**yǐnsī という言葉もよく聞かれるようになった。

1 “多”＋形容詞（1 音節）：—— 孩子多大了

49

“多” は疑問を表す。「どれぐらい～？」。

1）你今年多大了？—— 22 岁了。
Nǐ jīnnián duō dà le? — Èrshi'èr suì le.

2）你的电脑有多重？—— 大概一公斤左右。
Nǐ de diànnǎo yǒu duō zhòng? — Dàgài yì gōngjīn zuǒyòu.

即練 “多＋形容詞” の形式で次の質問文を完成しなさい。

① 富士山はどれくらい高いですか？

富士山有 ＿＿＿＿＿＿？—— 3776 米。

② ここから駅までどれくらい距離がありますか？

从这儿到车站大概还有 ＿＿＿＿＿＿？—— 差不多 800 米吧。

2 数詞＋“多”：—— 一年能赚 10 多万

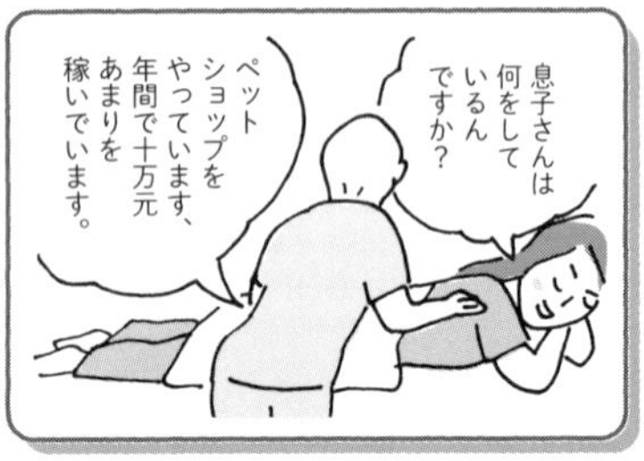

まとまった数のあとに “多” をつけ、その数より多い概数を表す。「～あまり」。

1）我们班有 20 多名女同学。
Wǒmen bān yǒu èrshí duō míng nǚ tóngxué.

2）这件衣服一千多块钱。
Zhè jiàn yīfu yì qiān duō kuài qián.

即練 次の日本語を中国語に訳しなさい。

① 万里の長城は全部で六千キロメートル以上あります。

＿＿＿＿＿＿＿＿＿＿＿＿＿＿＿＿＿＿

② ここの気温は夏は大体四十度あまりあります。

＿＿＿＿＿＿＿＿＿＿＿＿＿＿＿＿＿＿

万里长城 Wànlǐ Chángchéng：万里の長城
公里 gōnglǐ：キロメートル

3 "就"：—— 您也这么能干，妻子就不用工作了吧

前文の条件または状況下で、自然にどういう結果になるかを表す。

1）你真担心她，就回去看看吧。
Nǐ zhēn dānxīn tā, jiù huíqu kànkan ba.

2）他不想去，就别让他去了。
Tā bù xiǎng qù, jiù bié ràng tā qù le.

担心 dānxīn：心配する

即練 日本語に合わせて中国語を並べ替えなさい。

① 食べたくないなら、食べなくてもいい。

[吃 / 想 / 就 / 吃 / 别 / 了 / 不]

____

② 彼がそんなにこれが好きなら、彼にあげたら。

[这个 / 送给 / 那么 / 就 / 他 / 喜欢]

他 ______________，你 ______________ 吧。

発音を聞いて空欄を埋めなさい。 50

1. 开 ________ 很 ________ 钱吧?
Kāi (chǒngwù diàn) hěn (zhuàn) qián ba?

2. 我妻子很 ________，儿子、女儿也很 ________。
Wǒ qīzi hěn (nénggàn), érzi、nǚ'ér yě hěn (shěngxīn).

日 中 翻訳ルール 12

"干" gàn と "做" zuò

いずれも事業や仕事、活動に従事する意味を表す。ときに置き換えることができる。

"事情做（or 干）完了，就回家" "她做（or 干）了三年秘书工作"

"做" は広く「～をする」という意味に用いる。①具体的なものの制作："做饭"。②担当する、～になる："做老师"。③（文章や詩などを）書く："做文章"。④関係を結ぶ："做朋友"。

"干" は口語的であり、抽象的なものや具体性のないことをする時に用いる。"干革命"。また前によく "大" "苦" "加油" "拼命" などの修飾語がつき、積極的にあるいは勢いよく行うことを表す。"大干苦干" "加油干"。

次の文に "干" または "做" を入れてみよう。

1. 他给我（　　）了一碗炒饭。　2. 你站在这儿（　　）什么，快走吧。
3. 大家一起大（　　）了一天。　4. 你们俩（　　）个朋友怎么样?

● 日本語の「はい」の中国語訳

日本語には「はい」という、とても便利でいろいろな場面に対応できる返事の言葉がある。これを中国語に訳すと、そんなに簡単ではなくなる。点呼の時は“到”dào に、普段呼ばれた時は“诶”èi だろう。「食べますか」と聞かれたら、食べる意の動詞“吃”chī で答える。「好きですか」なら“喜欢”xǐhuan で答える。形容詞で答える時もある。「分かりましたか」に対する答えは“明白了”míngbǎi le だし、「美味しいですか」になら“好吃”hǎochī だろう。日本語の「はい」は中国語にすると、場合により変化する。

返事ではないが,「一,二,三,ハイ！」と言って一斉に歌い始める時がある。こんな時は“一，二，三，唱！”yī, èr, sān, chàng! とかけ声をかけるだろう。やはり動詞が使われる。

● 指すモノ、連想するモノが違う

同じ言葉に思えて、実は指すモノが違うことがある。難しく言うと、「語の指す外延が異なる」。この教科書でも第１課で「公園の朝」を学んだが、中国の公園は広く、大きい。何千、何万の人を収容できる。これに比べれば日本の街中の「公園」は空き地のようなものだ。

「ゴミ」もそうだ。「眼にゴミが入った」と日本語ではいえるが、中国語の“垃圾”は、ゴミの日に捨てる大きなもので、とても目に入るようなものではない（第22課）。

「百獣の王」といえば「ライオン」のことと我々は思うが、中国では「虎」のほうを指す事が多い。何しろ虎はよく額(ひたい)に「王」の字が浮き出ている。但し、幼少期に日本のアニメ「ジャングル大帝」を見て育った人は、ライオンをイメージする人もいると中国人に聞いたことがある。

“洗澡”xǐzǎo といえば「お風呂に入る，入浴する」と訳しているが，中国のそれはシャワーを浴びて，さっと汗を流すこと。われわれが連想する「ああ，いい湯だ」とは異なる。

囲碁やトランプのイメージは日中そう変わりがないが，“象棋”xiàngqí つまり将棋となるとまったく異なる。駒の形も，盤面も，ルールもまったく別だ。「餃子」と聞いて連想するものが日中で違うというのも好例だろう（第３課）。

中国のことわざ，日本のことわざ

ことわざは中国語では“俗话”súhuà，あるいは“谚语”yànyǔ という。日本も中国も人が暮らす社会だから，似たようなものが少なくない。また中国から取り入れたものもある。しかし，全く同じではなく，微妙に異なる。例えば，「朱に交われば赤くなる」，中国語ではこうなる。

近朱者赤，近墨者黑。Jìn zhū zhě chì, jìn mò zhě hēi.

中国のは後ろに「墨に近づけば黒くなる」がくっついている。赤と黒が対になっている。意味も違う。日本では「悪い人と付き合うと悪くなる」だが，中国は「良い人に近づけば良い影響を受け，悪い人と付き合えば悪い影響を受ける」だ。つまり，人はその付き合う相手によって良くも悪くもなる，と言う。中国はどちらもありだ。

次も似ている。日本はやはり前半だけだが，中国は後半に続く。

临阵磨枪，不快也光。Lín zhèn mó qiāng, bú kuài yě guāng.

戦いに臨んで槍を磨く，切れ味はあまりよくないがそれでも光る。つまり，試験前の一夜漬けでも多少は役に立つと言う。「泥縄式」でも役に立つと主張する。日本語「泥縄式」と微妙に違う。

“亡羊补牢”もそうだ。これも後に“未为晚”と続く。

亡羊补牢未为晚。Wáng yáng bǔ láo wèi wéi wǎn.

羊が盗まれてから囲いを補修する，それでも遅くないと言う。なんだか中国のほうが前向きで楽観的だ。次もそうだ。

种瓜得瓜，种豆得豆。Zhòng guā dé guā, zhòng dòu dé dòu.

瓜を植えれば瓜が育ち，豆を植えれば豆が出来る。つまり，「努力に見合った成果があがる」ということだ。ここには「因果応報，悪いことをすれば報いがある」との意味も含まれる。

これは中国語が対を重んじ，結果として，善悪，正反，得失など，物事を複眼的に眺めているためではあるまいか。二つの眼で，両方を平等に取り上げている。そういう意味では，次のようなものも優れて中国的と言えるだろう。

公说公有理，婆说婆有理。Gōng shuō gōng yǒu lǐ, pó shuō pó yǒu lǐ.

舅は自分に道理があるといい，姑は自分が理にかなっているという。それぞれ自分が正しいと主張する。最近の国家間の外交論戦のようだ。

51

中国人：田中，今天 下午 的 会议 是 几 点 开始？
Zhōngguórén Tiánzhōng, jīntiān xiàwǔ de huìyì shì jǐ diǎn kāishǐ?

日本人[1]：我 想 是 两 点 吧。
Rìběnrén Wǒ xiǎng shì liǎng diǎn ba.

中国人：我 想？ 看 样子 他 也 不 太 确定。再 问 一 个 人。
Wǒ xiǎng? Kàn yàngzi tā yě bú tài quèdìng. Zài wèn yí ge rén.

中国人：铃木，今天 的 会议 是 两 点 开始 吗？
Língmù, jīntiān de huìyì shì liǎng diǎn kāishǐ ma?

日本人[2]：我 想 应该 是。你 看 这里 写着 呢。
Wǒ xiǎng yīnggāi shì. Nǐ kàn zhèli xiězhe ne.

中国人：知道 了。谢谢！ 明明 知道 是 两 点，干嘛 要 说 我 想 呢？
Zhīdao le. Xièxie! Míngmíng zhīdao shì liǎng diǎn, gànmá yào shuō wǒ xiǎng ne?

単語

52

会议	huìyì	名	会議
想	xiǎng	動	～と思う
再	zài	副	また．再び．もう一度
确定	quèdìng	動	確定する．はっきり決める
明明	míngmíng	副	明らかに．まぎれもなく
干嘛	gànmá	副	どうして．なんで（話し言葉）

解釈

1 **「田中さん」** 日本では人を呼ぶとき、年齢に関係なく、名前に一律「さん」をつけてよい。中国では年齢に応じて直接人の名前を呼んだり、肩書をつけたり、親族名称をつけたりして呼ぶのが普通である。“田中”Tiánzhōng、“张阿姨”Zhāng āyí、“王奶奶”Wáng nǎinai、“铃木主任”Língmù zhǔrèn など。

2 **「2時だと思います」** 「～と思う」という表現は、想定であり、確定ではないと理解される。確定の場合、“是两点”と答える。

3 **「もう一人に聞いてみよう」** 「もう一度～をする」は“再＋V ～”で、“再问一个人”。

4 **「今日の会議は2時始まりでしたっけ？」** 時刻は順序だが、“二点”と言わず“两点”と言うことに注意。

5 **「ここに書いてありますよ」** 動作の結果が持続することを表す場合、“V＋着”の形式をとる。“门开着”。

6 **「2時と知っているのに」** 隠れている「はっきり」を“明明”で訳し、「明らかに」「まぎれもなく」知っていることを強調し、不満や、いぶかる気持ちを出す。

いぶこみの風景⓭――― 断定を避ける日本語

日本語はよく「～と思う」「かもしれない」「～そうだ」「～ようだ」といった表現を使う。他人の気持ちでも自分の気持ちでも、はっきりと断定的な表現を避ける傾向がある。

1）彼は嬉しそうに言いました。／**他高兴地说。**

2）これはおいしいかも。／**这个很好吃。**

3）鈴木さんはもう食べたようです。／**铃木已经吃了。**

中国語に訳すときは、基本的に「そうに」「かも」「ようです」にあたる表現は使わなくてよい場合がある。そのほうが自然な中国語らしいことが多い。

語法ポイント 13

1 “我想”：「～と私は思う」 ——— 我想是两点吧

53

1） 我想他的成功和他的努力是分不开的。
Wǒ xiǎng tā de chénggōng hé tā de nǔlì shì fēnbukāi de.

2） 我想多练习就会进步的。
Wǒ xiǎng duō liànxí jiù huì jìnbù de.

和～分不开：～と切り離せない
进步：進歩する
对～有好处 duì~yǒu hǎochù：～にとってよい

即練 次の日本語を中国語に訳しなさい。

① 毎日運動することはきっと体にとっていいと思う。

____

② 彼は今日来ないはずだと思います。

____

2 “明明”：（副）「明らかに」「まぎれもなく」 ——— 明明知道是两点

“明明”を含む文の前または後ろの文には反語や逆接の表現が来ることが多い。

1） 明明是你不对，为什么你不道歉？
Míngmíng shì nǐ bú duì, wèi shénme nǐ bú dàoqiàn?

2） 明明知道，却说不知道。
Míngmíng zhīdao, què shuō bù zhīdào.

却：（逆転の意味を強調する）
それなのに、しかし

即練 日本語に合わせて“明明”を用いて文を完成しなさい。

① 私は彼がご飯を食べてるのを見た、それなのになぜ食べてないと言うのか？

____________________，他怎么说没吃呢？

② あなたがやったのに、なんで私がやったというの？

____________________，为什么说是我干的？

3 “干嘛”： ——— 干嘛要说我想呢

口語で「なぜ，どうして，なんで」。

1）他干嘛说这种话？什么意思呀？
Tā gànmá shuō zhèi zhǒng huà? Shénme yìsi ya?

2）你干嘛这么在意别人的看法？
Nǐ gànmá zhème zàiyì biéren de kànfa?

在意：気にする
别人：他人

即練 次の質問に中国語で答えなさい。

① A：你干嘛不坐电车去呢？

B：＿＿＿＿＿＿＿＿＿＿＿＿＿＿＿＿

② A：这么好的机会，你干嘛不去？

B：＿＿＿＿＿＿＿＿＿＿＿＿＿＿＿＿

発音を聞いて空欄を埋めなさい。 54

1. ＿＿＿＿他也不知道下午的＿＿＿＿几点开始。
(Kàn yàngzi) tā yě bù zhīdào xiàwǔ de (huìyì) jǐ diǎn kāishǐ.

2. 别去＿＿＿＿了，你看这里＿＿＿＿呢。
Bié qù (wèn) le, nǐ kàn zhèli (xiězhe) ne.

日中翻訳ルール 13

“要” yào を使うとき

本文に“干嘛要说我想呢”という文がある。このように“要”は比較的強い可能性、必然性を表すときに用いる。

食べないし寝ないのでは、体を壊すよ。/ 不吃不睡，身体要垮的。

言う事を聞かないと怒るよ。/ 你不听话，我要生气了。

また、日本語では意志や願望を表すとき、「したい」「するつもりだ」を用いるが、中国語では動詞の前に“想”または“要”を加えればよい。

彼女と直接話がしたいです。/ 我想（or 要）当面跟她谈。

あなたも今回のイベントに参加したいですか？/ 你也想（or 要）参加这次的活动吗？

“想”を使う場合、動作主の思いが希望にとどまり、実行するかどうか分からない。“要”を用いると、必ずや実現しようという強い意志が感じられる。

私は中国へ留学に行きます。来月出発します。/ 我要去中国留学。下个月就出发。

第14课 ★まだお昼も食べていないんだよ

55

客人：我 来 取 衣服 了。
kèren: Wǒ lái qǔ yīfu le.

老板：还 没 做好 呢。
lǎobǎn: Hái méi zuòhǎo ne.

客人：是 你 让 我 今天 来 取 的。
Shì nǐ ràng wǒ jīntiān lái qǔ de.

老板：这 两 天 特别 忙，还 没 做出来 呢。
Zhè liǎng tiān tèbié máng, hái méi zuòchulai ne.

客人：那 你 应该 告诉 我 一 声 呀，
Nà nǐ yīnggāi gàosu wǒ yì shēng ya,

我 特意 打车 过来 的。
wǒ tèyì dǎchē guòlai de.

老板：我 到 现在 还 没 吃饭 呢。
Wǒ dào xiànzài hái méi chīfàn ne.

単語

56

取	qǔ	動	取る
老板	lǎobǎn	名	店長
做好	zuòhǎo	組	出来上がる
两天	liǎng tiān	組	両日．数日
特别	tèbié	副	特別に．非常に
做出来	zuòchulai	組	作りあげる
告诉	gàosu	動	教える．告げる
声	shēng	量	（声や音を立てる時の回数を数える）～回．～度
特意	tèyì	副	わざわざ
打车	dǎchē	動	タクシーを呼ぶ
过来	guòlai	動	やってくる
到现在	dào xiànzài	組	いまだに

解釈

1 **「服を取りにきました」** 来る目的は服をとること、こういう場合、連動文を使って動作が発生する順に並べる。“来取衣服”“去商店买东西”。

2 **「今日取りにきてと言われましたよ」** 「私が来たのはあなたが取りに来てと言ったからだ」、すでに実現済みの動作“来”は「何によって起きたか」を強調する場合“是～的”の構文を使う（翻訳ルール 20 参照）。

3 **「ここ数日」** “这两天”と訳した。この“两”は数字の「二」ではなく、概数を表す。“我今天来是想跟你说两句话”“过两天再说吧”。

4 **「まだできていないんですよ」** 「できる」は“做出来”にあたる。動詞に補語の“出来”をつけて動作の結果や実現を表す。“写出来”“画出来”“创造出来”。

5 **「タクシーで来たんです」** 動作の手段、方法は例えば交通手段である場合、“坐车”、“打车”、“骑车”のように動詞を加えて訳す。“特意打车过来的”。

6 **「こっちも食事抜きなんです」** 程度が高いことを強調するため、「いまだに」という意味の“到现在”を加えた。

いぶこみの風景⑭ ——— “民以食为天” mín yǐ shí wéi tiān

《史记》には**“民以食为天”**（民ハ食ヲ以テ天トナス）という言葉がある。生きるために食はもっとも重要であるという意味だ。中国の歴史においては飢饉による戦争が多くあった。人々は飢えによる苦しみをよく知っている。

2012年ノーベル文学賞を授与された作家の**“莫言”** MòYán は「私が創作を始めた原動力は美味しい食べ物に対する憧れによるものだった」と述べている。二十世紀80年代まで中国では人と会った時の挨拶言葉は「こんにちは」ではなく、**“吃饭了吗?”**（食事が済みましたか）であった。

本文でも「まだ食事もしてない」が決めゼリフになっている。こう言われると黙るしかない。

1 "还没～呢"：「まだ～していないんだ」 ——— 还没做好呢

57

1）都八月了，还没有拿到内定呢。
Dōu bāyuè le, hái méiyou nádào nèidìng ne.

2）小点儿声说话，别人还没起床呢。
Xiǎo diǎnr shēng shuōhuà, biéren hái méi qǐchuáng ne.

内定：内定
交 jiāo：提出する
来得及 láidejí：間に合う

即練 次の中国語を日本語に訳しなさい。

① 你怎么还没做呢？明天交来得及吗？

____

② 我还没看呢，看完了再借给你。

____

2 借用動量詞： ——— 告诉我一声呀

量詞の中に、動作を行うための人体の四肢器官の名称を借用して動量詞とするものがある。よく前に"一"をつける。

"一声" "一眼" yì yǎn "一口" yì kǒu "一脚" yì jiǎo "一拳" yì quán "一巴掌" yì bāzhang。

1）我喊了他一声，他才发现我。
Wǒ hǎnle tā yì shēng, tā cái fāxiàn wǒ.

2）今天在拥挤的电车里被人踩了一脚。
Jīntiān zài yōngjǐ de diànchē li bèi rén cǎile yì jiǎo.

脚：足でする動作の回数を数える
拳：こぶしで殴る回数を数える
巴掌：平手打ちの回数を数える
喊：呼ぶ，叫ぶ
才：（それで）はじめて
拥挤：混む，込み合う
踩：踏む，踏みつける

即練 次の日本語を中国語に訳しなさい。

① 彼の作ったカレーを一口食べたら、美味しかったです。

____

② 彼は一目見てすぐ原因が分かりました。

____

3 "到现在"：「いまだに」「いままで」 ——— 我到现在还没吃饭呢

1) 他到现在还不明白为什么。
Tā dào xiànzài hái bù míngbai wèi shénme.

2) 妈妈从早晨起床到现在没休息一分钟。
Māma cóng zǎochen qǐchuáng dào xiànzài méi xiūxi yì fēn-zhōng.

即練 日本語に合わせて中国語を並べ替えなさい。

> 通电 tōngdiàn：電気が通る
> 保留 bǎoliú：保管する

① ここはいまだ電気が通っていません。
[没有 / 这里 / 呢 / 还 / 到现在 / 通电]

____

② 彼はいまだに子供の小さい時の絵を保管しています。
[小时候的 / 还 / 到现在 / 孩子 / 画儿 / 保留着]

他______________________________

発音を聞いて空欄を埋めなさい。 58

1. ______特别忙，还没______呢。
(Zhè liǎng tiān) tèbié máng, hái méi (zuòchulai) ne.

2. 打车______呀，你不______打车过来。
Dǎ chē (duō guì) ya, nǐ bù (yīnggāi) dǎ chē guòlai.

日中翻訳ルール 14

使役文

日本語の「…せる」「…させる」を中国語に訳すと、主に"让"、"叫"、"使"、"令"の四つが使われる。"让"は話し言葉・書き言葉両方で、"叫"は話し言葉で用いられる。"使"は「喜ばせる」「満足させる」といった非動作的で静的な語と結びついて用いられ、"令"はよく"令人～"の形をとる。

父は私に車の運転をさせない。／爸爸不让（or 叫）我开车。
今回の旅行は大いに私の視野を広げさせた。／这次旅行使我大开眼界。
この知らせは人々を驚かせた。／这个消息真令人吃惊。

また日本語の「…ように言われた」という場合や「…てもらう」なども中国語に訳すとき、使役文が使われる場合が多い。

会社に来月中国に行くよう言われた。／公司让我下个月去中国。
家内に水餃子でも作ってもらおう。／让我爱人给你包点儿水饺什么的吧。

59

中国人[1]: 阿姨，请问 去 车站 怎么 走？
Zhōngguórén: Āyí, qǐngwèn qù chēzhàn zěnme zǒu?

日本人: 怎么 叫 我 阿姨 呢？
Rìběnrén Zěnme jiào wǒ āyí ne?

中国人[2]: 你 看，她 好像 不 高兴 了。你 不 该 叫 她 “阿姨”。
Nǐ kàn, tā hǎoxiàng bù gāoxìng le. Nǐ bù gāi jiào tā “āyí”.

中国人[1]: 那 我 应该 叫 她 什么 呢？
Nà wǒ yīnggāi jiào tā shénme ne?

中国人[2]: 你 直接 说 “请问” 或者 “劳驾” 就 行 了。
Nǐ zhíjiē shuō “qǐngwèn” huòzhě “láojià” jiù xíng le.

単語 60

阿姨	āyí	名	おばさん
好像	hǎoxiàng	副	～のようだ，みたいだ
该	gāi	助動	～すべきだ
直接	zhíjiē	形	直接的である，直接に
或者	huòzhě	接	あるいは，または
劳驾	láojià	動	恐れ入ります，すみません
就行了	jiù xíng le	組	それでいい

解釈

1 **「駅にはどう行きますか」** 道順を聞くときは“走”を用いる。

2 **「私のことをおばさんだなんて」** 「なんて」は“怎么叫”にあたる。

3 **「彼女の機嫌をそこねたみたいよ」** 能動文で訳した。“她好像不高兴了。”

4 **「「おばさん」なんて言ったからよ」** “因为你叫她阿姨了”と訳してもよいが、責める語気が強い。道理や経験から、“不该”（すべきではない）という言い方を取った。

5 **「どう言えばよかったの」** どうすべきだったかを教えてもらいたいので、“应该”を用いて、“那我应该叫她什么呀？”と訳した。

6 **「『おたずねしますが』とか『すみません』と言えばよかった」** 「とか」は“或者”に、「よかった」は“就行了”にあたる。

いぶこみの風景⑮――称呼 chēnghu

日本では普段人に呼びかける時に、その人の苗字または名前の後ろに「さん」をつけるのが一般的だ。

中国では全く違う。人の年齢に合わせて直接呼び捨てで名前を呼ぶか、または家族の呼称（親族名称）を使うことが多い。

同じ世代の人の間では、直接名前を呼ぶ。自分の両親と同じぐらいの年齢層の人なら、女性の場合「おばさん」、男性の場合「おじさん」と呼び、自分の祖父母と同じ世代の人を見かけたら、「おじいさん」「おばあさん」と呼ぶ。自分と同じ世代であれば、自分より年上の人を「おにいさん」、「おねえさん」と呼ぶ。このような親族名称を使うと、親しみや親近感がわいてくるのだ。

日本に来たばかりの時、どうしても自分の祖父母と同じ年代の方を「名前＋さん」で呼ぶことができない中国人は少なくないと思う。中国では自分より上の世代の人を名前で呼ぶのは、失礼なことになるので注意が必要だ。

語法ポイント 15

1 "好像"：「～のようだ」「～みたいだ」　她好像不高兴了　61

比喩表現と推測を表す場合に使う。

1）好像有人敲门，你听见了吗？
Hǎoxiàng yǒu rén qiāo mén, nǐ tīngjiàn le ma?

2）这几年来日本旅游的外国人好像越来越多。
Zhè jǐ nián lái Rìběn lǚyóu de wàiguórén hǎoxiàng yuè lái yuè duō.

越来越：ますます
升值 shēngzhí：値上がりする
挺 tǐng：とても．なかなか

即練 次の日本語を中国語に訳しなさい。

① 日本円がまた値上がりしたようです。

② 彼は最近なかなか忙しいようです。

2 "该"：「～すべきである」——你不该叫她"阿姨"

1）孩子工作以后，不该再向父母要钱。
Háizi gōngzuò yǐhòu, bù gāi zài xiàng fùmǔ yào qián.

2）这段时间太忙了，我们都该好好儿休息一下了。
Zhèi duàn shíjiān tài máng le, wǒmen dōu gāi hǎohāor xiūxi yíxià le.

这段时间：この頃
换 huàn：買い替える
发表 fābiǎo：発表する

即練 次の中国語を日本語に訳しなさい。

① 我的手机旧了，该换一个新的了。

② 下周该你们发表了，别忘了。

3 “或者”：「あるいは」「または」

——— 你直接说“请问”或者“劳驾”就行了

1）我想去美国或者去加拿大留学。
Wǒ xiǎng qù Měiguó huòzhě qù Jiānádà liúxué.

2）你去或者他去，你们俩谁去都行。
Nǐ qù huòzhě tā qù, nǐmen liǎ shéi qù dōu xíng.

加拿大：カナダ

即練 “或者”をA～Dの正しい位置に入れ、日本語に訳しなさい。

① A 有什么 B 问题 C 问他 D 问我都可以。　　答：＿＿＿＿

訳：＿＿＿＿＿＿＿＿＿＿＿＿＿＿＿＿

② A 买 B 不买，C 你自己 D 决定吧。　　答：＿＿＿＿

訳：＿＿＿＿＿＿＿＿＿＿＿＿＿＿＿＿

発音を聞いて空欄を埋めなさい。　62

1. ＿＿＿＿，我想去车站，＿＿＿＿好呢？
(Āyí) , wǒ xiǎng qù chēzhàn, (zěnme zǒu) hǎo ne?

2. 你直接说“请问”＿＿＿＿“劳驾”＿＿＿＿了。
Nǐ zhíjiē shuō “qǐngwèn” (huòzhě) “láojià” (jiù xíng) le.

日中翻訳ルール 15

“去” qù と “走” zǒu

「駅にはどう行きますか」の中国語は“**去车站怎么走？**”になる。“**去**”と“**走**”は日本語に訳すと、いずれも「行く」と訳せるが、どう違うのだろうか。

“**去**”は「ある場所に向かって行く」で、後ろに場所を表す語を置く。また“**去**”の後ろの目的地を省略し、目的を表す動詞フレーズを直接置くこともできる。

学校に行く。/ **我去学校。**

私は（映画館へ）映画を見に行く。/ **我去（电影院）看电影。**

“**走**”は「ある場所から離れる、去る」という意味で、後ろに場所を表す語を置けない。どこに行くのかは問題にせず、ただ今いる場所から去るという意味。

行きましょう / **我们走吧。**

道順を聞くときには“**怎么走**”を用いる。“**怎么去**”を使えば、行く方法・手段を聞くことができる。

第16课 ★ 返事のしかた

63

日本人：小时候 妈妈 是 这样 教 我 的。
Rìběnrén: Xiǎo shíhou māma shì zhèyàng jiāo wǒ de.

母亲：回答 时，"好" 只 需要 说 一 遍。
mǔqīn: Huídá shí, "hǎo" zhǐ xūyào shuō yí biàn.

（可是 在 中国）
kěshì zài Zhōngguó

科长：小王！怎么 又 出错 了，你 到底 想 不 想 干 了？
kēzhǎng: Xiǎo-Wáng! Zěnme yòu chūcuò le, nǐ dàodǐ xiǎng bu xiǎng gàn le?

小王：想 干，想 干。科长，我 想 干。
Xiǎo-Wáng: Xiǎng gàn, xiǎng gàn. Kēzhǎng, wǒ xiǎng gàn.

科长：你 要是 不 想 被 炒 鱿鱼，马上 把 报告 改好 了 交给 我。
Nǐ yàoshi bù xiǎng bèi chǎo yóuyú, mǎshàng bǎ bàogào gǎihǎo le jiāogěi wǒ.

小王：好，好，好。我 知道 了。
Hǎo, hǎo, hǎo. Wǒ zhīdao le.

日本人：按照 日本 的 习惯，这 种 回答 方式 会 给 人 一 种 不 严肃 的 感觉。
Ànzhào Rìběn de xíguàn, zhèi zhǒng huídá fāngshì huì gěi rén yì zhǒng bù yánsù de gǎnjué.

単語 64

这样	zhèyàng	代 このように	报告	bàogào	名 報告，レポート
回答	huídá	動 答える，回答する	改	gǎi	動 直す
科长	kēzhǎng	名 課長	交给	jiāogěi	動 渡す
出错	chūcuò	動 間違いが出る	按照	ànzhào	動 ～に基づく，～に従う
到底	dàodǐ	副 一体	习惯	xíguàn	名 習慣
要是	yàoshi	接 もし～なら	种	zhǒng	量 種類
被	bèi	介 ～に～される	方式	fāngshì	名 方式，形式
炒鱿鱼	chǎo yóuyú	組 クビにする	严肃	yánsù	形 厳粛である，真剣である

解釈

1 **「はい、はい」** 日本語の「はい」は肯定の返答としていろいろな場面で活躍するが、中国語では「はい」のように各種場面で使える言葉がないため、場面によって、返答の言葉を変える必要がある。“好，好，好”、“想干，想干”“是，是，是”など（p.58参照）。

2 **「王さん」** 王さんは若い人なので、“小王”と訳すが、もし、王さんが経験豊富な人、またはある程度年齢のいった人であれば、“老王”と呼ぶ。

3 **「本当にやる気があるのかね」** 意思を表す助動詞“想”を使い、反復疑問文で、YESなのかNOなのかはっきりさせる表現。“你到底想不想干了”。

4 **「クビになりたくなかったら」** 「クビになる」は“解雇”jiěgùと訳してもよい。“炒鱿鱼”はイカを炒めた料理の名前である。イカを炒めるとクルクルと巻き上がる。これは布団を巻き上げる様子（“卷铺盖”juǎn pùgài）と良く似ている。昔、従業員が解雇された時に、自分の布団を巻き上げて職場を離れたことから、“卷铺盖”は仕事をクビになるという意味になった。“炒鱿鱼”も同じ意味として使われている。逆に、従業員が今の仕事に不満を感じてやめてしまうことは“我炒了老板的鱿鱼”という。

5 **「レポートを手直しして提出してください」** あるものに対してどうしようとするのか、それにどのような行為・処置を加えようとするのかの場合、よく“把”構文を使う。

6 **「日本人にはかえって不真面目に聞こえてしまうよね」** 直訳だと“日本人听着反倒觉得不严肃”となるが、前後の文の流れから考え、“按照日本的习惯，这种回答方式会给人一种不严肃的感觉”と訳した。

いぶこみの風景⑯ —— 返事のしかた

中国語の返事に敬語の表現はない。上司から指導を受けたとき、**“是”**と一回返事をしてもいいし、二回、三回でも良い。むしろ**“是、是、是”**や**“好、好、好”**と三回連続のほうが、より丁寧で、畏まった気持ちが表される。もちろん失礼にはならない。態度、語気語調、使われる言葉で、その人の性格や教養、人柄が現れる。そういうことによってその人に対する印象が決まることも少なくない。

また、中国人はミスを犯し、上司に注意される時、笑って対応することがある。叱られたにもかかわらず、ヘラヘラ笑うというのは、その人が開き直っているというわけではない。自分の非を認め、恥ずかしい、申し訳ない気持ちを表しているのである。

1 "被"：—— 不想被炒鱿鱼

🔊65

受身文で行為者を導く。「～に～される」。

1) 昨天回家的路上被雨淋了。
Zuótiān huí jiā de lùshang bèi yǔ lín le.

2) 屋顶被大风刮掉了。
Wūdǐng bèi dàfēng guādiào le.

屋顶：屋根
刮掉：吹き落とす
小偷儿 xiǎotōur：泥棒，スリ
偷 tōu：盗む
充电器 chōngdiànqì：充電器

即練 日本語に合わせて中国語を並べ替えなさい。

① お客さんの財布が泥棒に盗まれました。

[小偷儿 / 的 / 客人 / 偷 / 被 / 了 / 钱包]

____

② あなたの充電器は誰に持って行かれましたか？

[拿走 / 你 / 被 / 了 / 谁 / 充电器 / 的]

____

2 "V 给"：—— 把报告改好了交给我

動詞"交、递、送、寄"などの授与動詞の後ろに"给"を置いて動作の相手を導く。

1) 麻烦您把这个交给他好吗？
Máfan nín bǎ zhèige jiāogěi tā hǎo ma?

2) 你寄给我的包裹已经收到了。
Nǐ jìgěi wǒ de bāoguǒ yǐjīng shōudào le.

包裹：小包
收到：受け取る
资料 zīliào：資料
留 liú：残す
发 fā：（メールなどを）送る

即練 日本語に合わせて、"V 给"で中国語文を完成しなさい。

① この資料はすべて友人が残してくれたものです。

这些资料 ______________________________

② この文章を鈴木さんにメールで送ってください。

请你把 ______________________________

3 介詞“按照”：「～に照らして」「～に従って」「～に基づいて」

——按照日本的习惯

1）按照中国的传统习惯，除夕要吃饺子。
Ànzhào Zhōngguó de chuántǒng xíguàn, chúxī yào chī jiǎozi.

2）按照日本的法律规定，不到 20 岁不能喝酒。
Ànzhào Rìběn de fǎlǜ guīdìng, bú dào èrshí suì bù néng hē jiǔ.

传统：伝統
除夕：大晦日　规定：規定
加班 jiābān：残業する
费 fèi：費用．代金
菜谱 càipǔ：レシピ

即練　次の中国語を日本語に訳しなさい。

① 按照公司的规定，加班有加班费。

____

② 不会做菜可以按照菜谱做。

____

発音を聞いて空欄を埋めなさい。　66

1. 你又 ________ 了，你还 ________ 干了？
Nǐ yòu (chūcuò) le, nǐ hái (xiǎng bu xiǎng) gàn le?

2. ________ 日本的习惯 ________ 回答方式不太严肃。
(Ànzhào) Rìběn de xíguàn (zhèi zhǒng) huídá fāngshì bú tài yánsù.

日中翻訳ルール 16

こんなときは“把”構文

特定の物または既知の物に対し、それにどういう行為・処置を加えるかを表すときに、本来動詞の後ろに置かれる目的語を“把”を用いて動詞の前にもってくる文を“把”構文という。述語動詞は裸のままでなく“了”le“着”zhe“过”guo を添えたり、動詞を重ねたり、補語を付けたりしなければならない。

主語＋把＋目的語＋動詞＋（了・着・过・動詞の重ね型・補語など）

次のような場合によく“把”構文を使う。

①特定の物・既知の物をある終点に移動するとき
　私はパソコンを友達に返しました。/ **我把电脑还给朋友了。**

②特定の物・既知の物をある結果に変化させるとき
　この文を中国語に訳してください。/ **请把这个句子翻译成汉语。**

③特定の物・既知の物をある場所に位置付けるとき
　私のカバンをどこに置きましたか？/ **你把我的包放在哪儿了？**

67

服务员：两 位 在 外边儿 吃 吧，外边儿 凉快。
fúwùyuán: Liǎng wèi zài wàibianr chī ba, wàibianr liángkuai.

客人[1]：外边儿 有 蚊子 呀。
kèren: Wàibianr yǒu wénzi ya.

服务员：撒 点儿 花露水 蚊子 就 不 咬 了。
Sǎ diǎnr huālùshuǐ wénzi jiù bù yǎo le.

客人[2]：花露水 管用 吗？
Huālùshuǐ guǎnyòng ma?

服务员：管用。给 您 菜单。
Guǎnyòng. Gěi nín càidān.

客人[1]：今天 我 给 你 带了 一 瓶 茅台 来。
Jīntiān wǒ gěi nǐ dàile yì píng máotái lai.

客人[2]：哇，我 太 有 口福 了。
Wā, wǒ tài yǒu kǒufú le.

単語

68

位	wèi	量	敬意をもって人を数える
凉快	liángkuai	形	涼しい
蚊子	wénzi	名	蚊
撒	sǎ	動	撒く
花露水	huālùshuǐ	名	蚊よけ用品の名前
咬	yǎo	動	かむ．（虫などに）食われる
管用	guǎnyòng	形	役に立つ．効き目がある
菜单	càidān	名	メニュー
瓶	píng	量	瓶に入っているものを数える
茅台	máotái	名	マオタイ酒．マオタイ（略称）
哇	wā	感	うわぁ．わお．おお
口福	kǒufú	名	口の幸い．ごちそうにありつく運

解釈

1 **「お二人」** “两位”にあたる。人を数える量詞は“个”を用いるが、敬意をもって人を数える時に“位”を使う。呼びかける時には“二位”も言う。“二位，要点儿什么？”。

2 **“不～了”** 「～するのをやめる、～するのをやめた」。

3 **「メニューをどうぞ」** “给＋您＋菜单”に訳す。動詞“给”は二重目的語を取れる。

4 **「マオタイを一本持ってきた」** “我带了一瓶茅台来”と訳してもいいが、“给你”を入れることによって、動作・行為の受け手を示し、「あなたのために」という意味が入るため、聞き手が喜ぶ。

5 **「ラッキーだよ」** 「幸運だ」の意味で、訳はそのまま“我很幸运”とするよりは、ごちそうにありつく運という意味の“有口福”にしたほうが適切だろう。

いぶこみの風景⑰――やりたい放題

中国人のものの考え方は比較的自由なところがある。

店員から涼しいからと外をすすめられたお客。外は蚊が出るとなると、蚊除けの**“花露水”**を渡され、これで蚊を追い払わされる。日本と比べて扱いがひどいと思うと、客もさるもの、ちゃっかりお酒の持ち込みをしている。外で食べるときなど、お隣のレストランから料理を注文することさえある。

また例えばバスの運転手が自分の好きな流行歌を流して聴きながら運転することも。仕事が楽しくなるし、誰にも迷惑をかけてないから、周りの人も特に文句を言わない。むしろ一緒に聴いて楽しむ。仕事の面接に子供を連れて行くのもよくある事。たまたま面接の日に面倒を見る人がいないからだ。面接官も「仕事の時には子供を連れて来る事はないですね」と一言確認するのも念のため。皆自由でやりたい放題だ。

69

1 “不～了”：「～するのをやめる」「～するのをやめた」 —— 蚊子就不咬了

1）你不去了？为什么？
Nǐ bú qù le? Wèi shénme?

2）来，喝点儿热汤就不冷了。
Lái, hē diǎnr rè tāng jiù bù lěng le.

即練 日本語に合わせて中国語文を完成しなさい。

汤：スープ
咸 xián：塩辛い．しょっぱい

① 塩っぱすぎるので、もうたべません。

太咸了，＿＿＿＿＿＿＿＿＿＿＿＿

② 薬を飲んだら、痛くなくなるよ。

吃了药，＿＿＿＿＿＿＿＿＿＿＿＿

2 “管用”（形）：「役に立つ」「効き目がある」 —— 花露水管用吗

1）这个办法真的管用吗？
Zhèige bànfa zhēn de guǎnyòng ma?

2）我说他不管用，你去说说。
Wǒ shuō tā bù guǎnyòng, nǐ qù shuōshuo.

即練 日本語に合わせて中国語を並べ替えなさい。

说：しかる．説教する
家长 jiāzhǎng：保護者
咳嗽 késou：咳をする

① 親の言うことより先生の言うことを聞きます。

［ 老师 ／ 管用 ／ 家长 ／ 比 ／ 的 ／ 的话 ］

＿＿＿＿＿＿＿＿＿＿＿＿＿＿＿＿

② この薬本当に効きますね、飲むとすぐに咳が止まりました。

［ 不咳嗽 ／ 了 ／ 我 ／ 就 ／ 吃 ／ 管用 ］

这药可真＿＿＿＿＿＿＿＿＿＿＿＿

3 動詞“给”:「与える」「あげる」「くれる」 —— 给您菜单

二重目的語を取る動詞。“给＋您＋菜单”。同じく二重目的語を取る動詞に“教”、“问”、“告诉”等がある。

1）谁教你们英语？
Shéi jiāo nǐmen Yīngyǔ?

2）我告诉你一个好消息。
Wǒ gàosu nǐ yí ge hǎo xiāoxi.

消息：知らせ．ニュース

即練 次の日本語を中国語に訳しなさい。

① 友達から京劇のチケットを二枚頂きました。

____

② 一つ質問してもいいですか？

____

発音を聞いて空欄を埋めなさい。 70

1. ________ 有蚊子，________ 点儿花露水吧。
(Wàibianr) yǒu wénzi, (sǎ) diǎnr huālùshuǐ ba.

2. 你太 ________ 了，今天我带 ________ 酒来了。
Nǐ tài (yǒu kǒufú) le, jīntiān wǒ dài (máotái) jiǔ lai le.

日中翻訳ルール 17

“外边儿凉快”——裸の形容詞

中国語の形容詞はそれだけで述語になる。

妹妹高，我矮。/ 妹は（背が）高く、私は（背が）低い。

这个贵，那个便宜。/ これは（値段が）高い、あれは安い。

しかし、ここでの“**高**”“**矮**”“**便宜**”“**贵**”は相対的評価を示している。つまり私と妹、これとあれを比較して出した評価である。比較や対照ではなく、客観的にあるものを「高い」「低い」と言うときは、形容詞の前に“**很**”をつける必要がある。“**很**”をつけることにより、相対評価の意味合いを消してしまうのである。この場合の“**很**”は本来の「とても」という意味がなくなる。

这本书很有意思。/ この本は面白いです。

本課にある“**外边儿凉快**”は、本文に比較の対象がはっきり示されてないが、実際“**餐厅**”cāntīng（レストラン）の中と比較して言っているため、“**很**”はつけない。

第18课 ★ 上下関係

71

科长: 小王，明年 打算 派 你 去 基层 工作 一 年。
kēzhǎng: Xiǎo-Wáng, míngnián dǎsuàn pài nǐ qù jīcéng gōngzuò yì nián.

小王: 不 行 啊，科长，明年 我 妻子 生 孩子，我 得 在 家 照顾 她。
Xiǎo-Wáng: Bù xíng a, kēzhǎng, míngnián wǒ qīzi shēng háizi, wǒ děi zài jiā zhàogù tā.

科长: 克服 一下 困难 吧，这个 工作 你 最 适合。
Kèfú yíxià kùnnan ba, zhège gōngzuò nǐ zuì shìhé.

小王: 可是 我 家里 实在 没 人，能 不 能 安排 一下 别人？
Kěshì wǒ jiāli shízài méi rén, néng bu néng ānpái yíxià biéren?

科长: 那 行 吧，我们 再 考虑考虑。
Nà xíng ba, wǒmen zài kǎolǜkaolü.

単語

72

打算	dǎsuàn	動	～するつもりだ
派	pài	動	派遣する
基层	jīcéng	名	（組織などの）末端部分，現場
生	shēng	動	生む，生まれる
得	děi	助動	～しなければならない
照顾	zhàogù	動	世話をする
克服	kèfú	動	克服する
困难	kùnnan	形	困難である，難しい
最	zuì	副	最も，一番
适合	shìhé	形	ふさわしい，合う
实在	shízài	副	本当に，誠に
安排	ānpái	動	段取りをする，手配する
别人	biéren	代	ほかの人
考虑	kǎolǜ	動	考慮する，考える

解釈

1 **「君に現場に一年行ってもらおうと思っているんだが」** 「と思っている」は“打算”、“准备”、“想”に訳せる。「現場に一年行ってもらおう」は何をしに行くのかをはっきりさせるため、“工作”を加訳した。“打算派你去基层工作一年”。

2 **「来年は女房がお産で」** 「お産」という一つの名詞で赤ちゃんを産むという表現が中国語にはないため, “生孩子”という動詞フレーズで対応する。

3 **「そこをなんとか」** これは曖昧な表現で、具体的に何をどうしてほしいのかはっきりしていない。中国語では明確に言ったほうが分かりやすい。ゆえに“克服一下困难吧”とした。

4 **「家には他に誰もいないんですよ」** “我家”で誰の家庭なのか明確にする。“实在”で誰もいない事は嘘偽りのないことだと強調し、困る状況を相手に訴える。

5 **「誰か他の人いませんか」** 「誰か他の人」もしくは「他の誰か」は“别（的）人”“其他（的）人”に訳せる。「いませんか」は“能不能安排一下”のように“别人”を手配していただけないでしょうかとし、懇願の気持ちを含める。

6 **「わかった」** ここの分かったとは、「君の考えに同意する」意で、“行”または“好”に訳すことができるため、“那行吧”にした。

いぶこみの風景⑱——上下関係

中国の上下関係では必ずしも部下が上司に服従しなければならないということはない。自分の意見や考えを率直に述べる事が出来る。

上下関係をうまくやるために“上”にあるものは“下”の気持ちを理解し、大切にしなければならないという教えがたくさんある。孟子に“君使臣以礼，臣事君以忠”Jūn shǐ chén yǐ lǐ, chén shì jūn yǐ zhōng（君は臣を使うに礼を以てし、臣は君に事えるに忠を以てす）という言葉がある。現在の幹部も民衆の考えを知り、人々の意見に耳を傾けて、抱えている問題を解決しなければならないと政府から要求されている。

1 “派”：—— 明年打算派你去基层工作一年

🔊73

（任務をさせるために人を）派遣する、（人に仕事などを）割り振る、（人に一定の職務に就くように）命じる。

1）公司派我下星期一去上海出差。
Gōngsī pài wǒ xià xīngqīyī qù Shànghǎi chūchāi.

2）铃木被派到总公司去了。
Língmù bèi pàidào zǒnggōngsī qù le.

出差：出張する
总公司：本社

即練 日本語に合わせて中国語を並べ替えなさい。

① 彼は現場に派遣されました。

[了 / 工作 / 他 / 基层 / 被 / 派到]

____

② 学校は王先生を日本へ一年間勉強しに行かせたいと考えています。

[学习 / 学校 / 去日本 / 想派 / 一年 / 王老师]

____

2 “得”：「～しなければならない」 —— 我得在家照顾她

否定は“不用”búyòng を用いる。「しなくてよい」。

1）你发烧了，得去医院看看。
Nǐ fāshāo le, děi qù yīyuàn kànkan.

2）明天是第二节课，不用早起。
Míngtiān shì dì èr jié kè, búyòng zǎo qǐ.

第二节：2 時限目
换车 huàn chē：乗り換える

即練 日本語に合わせて中国語文を完成しなさい。

① 私は毎日学校へ来るのに二回乗り換えなければなりません。

我每天来学校都______________________________

② 将来のことを心配しなくてもいいです。

你______________________________

3 “最”：—— 这个工作你最适合

形容詞や心理活動を示す動詞を修飾する。「最も、一番、この上なく」。

1）对我来说坐动车去北京最方便。
Duì wǒ lái shuō zuò dòngchē qù Běijīng zuì fāngbiàn.

2）樱花盛开的时候是最美的季节。
Yīnghuā shèngkāi de shíhou shì zuì měi de jìjié.

对～来说：～にとって
动车：高速列車
盛开：満開
季节：季節
颜色 yánsè：色

即練 次の日本語を中国語に訳しなさい。

① この色はあなたにもっとも合っていると思います。

＿＿＿＿＿＿＿＿＿＿＿＿＿＿＿＿＿＿＿＿＿＿＿＿

② これは私の一番好きな映画です。

＿＿＿＿＿＿＿＿＿＿＿＿＿＿＿＿＿＿＿＿＿＿＿＿

発音を聞いて空欄を埋めなさい。 74

1. 要是你有＿＿＿＿的话，我们就考虑＿＿＿＿别人去。
Yàoshi nǐ yǒu (kùnnan) dehuà, wǒmen jiù kǎolǜ (ānpái) biéren qù.

2. 我家里＿＿＿＿没人＿＿＿＿孩子。
Wǒ jiāli (shízài) méi rén (zhàogù) háizi.

日 中 18 翻訳ルール

“一下”と動詞の重ね型

「数量や程度がわずかである、時間が短い」などを表す日本語に「ちょっと・少し」がある。これにあたる中国語には“一下”と「動詞の重ね型」がある。二つの表現の相違を見よう。

短い動作や軽い気持ちで行う、試しにやってみるという時には両方とも使える。

你帮我看看（or 看一下）。／ちょっと見てくれますか。

“一下”は方向動詞“来”、“去”、“回”などの後に使え、またこれらの動詞が補語として使われる時、その後につけることができる。さらにコントロールのできない動作の後ろにつけることもできる。

请你来一下我的房间。／私の部屋にちょっときてください。

铃木，你过来一下。／鈴木さん、ちょっとこちらにきて！

他愣了一下，马上又恢复了平静。／彼はちょっとぎょっとして、すぐに我に返った。

これらの用法は動詞の重ね型にはない。

ただし、日本語の「～したり、～したりする」の意味を表す場合、“一下”を使わず、動詞の重ね型を用いる。

周末她常常在家看看书，或去商店买买东西什么的。／週末彼女はよく家で本を読んだり、お店に行って買い物をしたりします。

75

哥哥：小妹，上我的车，我送你们回去。
gēge: Xiǎomèi, shàng wǒ de chē, wǒ sòng nǐmen huíqu.

妹妹：不用了，哥。你家不顺路，让你特意送我们不好意思。
mèimei: Bú yòng le, gē. Nǐ jiā bú shùnlù, ràng nǐ tèyì sòng wǒmen bù hǎoyìsi.

哥哥：嗨，跟哥还客气呀，上车。
Hāi, gēn gē hái kèqi ya, shàng chē.

妹妹：那谢谢了！
Nà xièxie le!

哥哥：说什么呢？听着真别扭。我是你哥，怎么那么见外了呢？
Shuō shénme ne? Tīngzhe zhēn bièniu. Wǒ shì nǐ gē, zěnme nàme jiànwài le ne?

妹妹：在国外生活时间长了，习惯了。
Zài guówài shēnghuó shíjiān cháng le, xíguàn le.

哥哥：在外可以入乡随俗，回到家里就不要这样了。
Zài wài kěyǐ rùxiāng suísú, huídào jiāli jiù bú yào zhèyàng le.

単語

76

小妹	xiǎomèi	名	自分の妹の愛称
上车	shàngchē	動	乗車する．車に乗る
不用了	bú yòng le	組	大丈夫だ．結構だ
顺路	shùnlù	形	道順のついでがよい
不好意思	bù hǎoyìsi	組	申し訳ない
嗨	hāi	感	やれやれ．おや
还～呀	hái~ya	組	それでもなお～のか
别扭	bièniu	形	ムズムズする．やりにくい
见外	jiànwài	動	他人行儀にする
国外	guówài	名	海外．国外
在外	zài wài	組	他郷にいる．よその土地にいる
入乡随俗	rùxiāng suísú	成	郷に入っては郷に従え
这样	zhèyàng	代	こういうふうにする．そうする

解釈

1 **「車に乗って、送るよ」** “小妹”は加訳で、誰に声をかけているのかはっきりさせる。“上我的车，我送你们回去”、ここの日本語では「誰の車なのか」、「誰が誰を送るなのか」を明示しないが、中国語では示す必要がある。

2 **「大丈夫よ」** 日本語の「大丈夫です」「いいです」または「結構です」という言葉は形式上肯定文だが、実際は断るときによく使う。中国語に訳す場合、否定文で“不用了”に訳せる。

3 **「うちはお兄さんの家と方向が違う」** “你家不顺路”に減訳した。

4 **「やれやれ」** “嗨”に訳し、嘆息・不満を表す。

5 **「すみませんね」** 感謝する意を表すゆえ“谢谢”に訳す。

6 **「ああムズムズする」** 「ムズムズする」ようになった理由は、妹のよそよそしい言葉を聞いたからなので、“听着真别扭”と訳した。

7 **「外国暮らしが長かったから」** 長いのは時間であるため、“在国外生活时间长了”と時間を加えた。

8 **「くせになっちゃった」** 「になっちゃった」は変化を表す“了”にあたる。“习惯了”。

いぶこみの風景⑲ —— 他人行儀

中国、特に北方では、家族や友達の間柄で、もし**“谢谢”**（有り難う）と言ったら、冷たくよそよそしい雰囲気になる。「なんと水臭い」と思われる。

感謝には二種類あって、一つはその場において言葉で表現する感謝。もう一つは事後に行動をもって示すもので、その際は倍のお礼をするのが当然とされる。

友達に世話になったら、ただ「有り難う」の一言で片付けられるものではない。恩は心に刻み込み、いつの日か倍にしてお返しする。友人の間では「有り難う」の言葉はない。

酒の席では、男同士の間で「有り難う」と言う言葉を使うと、バツとしてお酒を飲まされるそうだ。嫌われたり罰を受けたりしないように、多くの人は「有り難うは言わないよ」という言葉で感謝の意を表する。

夫婦、兄弟の間でも改まった感謝の言葉は忌み嫌われがちだ。中国には**“大恩不言谢”**という言葉があり、大きな恩情に対しては感謝の言葉は口にせず、ただ心に刻む。

Dà'ēn bù yán xiè.

語法ポイント 19

77

1 “不好意思”：慣用語で「申し訳ない」 —— 让你特意送我们不好意思

1）不好意思，我来晚了。
Bù hǎoyìsi, wǒ láiwǎn le.

2）对不起，我把你的名字写错了，真不好意思。
Duìbuqǐ, wǒ bǎ nǐ de míngzi xiěcuò le, zhēn bù hǎoyìsi.

即練 次の日本語を中国語に訳しなさい。

① すぐに返信できず、本当にすみません。

____

② 人違いでした。申し訳ありません。

____

马上 mǎshàng：すぐに
回信 huíxìn：返信する
看错 kàncuò：見間違える

2 “还～呀”： —— 跟哥还客气呀

反語文を作る、多く不満・非難・皮肉の気持ちを表す。

1）都是朋友，还这么见外呀？
Dōu shì péngyou, hái zhème jiànwài ya?

2）这么冷的天，你还要吃冰淇淋呀？
Zhème lěng de tiān, nǐ hái yào chī bīngqílín ya?

即練 日本語に合わせて中国語文を完成しなさい。

① あんなに服をたくさん持っているのに、まだ買うの？

你有那么多衣服了，______________________________

② もう 12 時ですよ、まだ寝ないの？

都 12 点了，______________________________

3 “说什么”：——— 说什么呢

よく“呢”“呀”がついて「何言っているのよ」の意。不満の気持ちを表す。

1）你说什么呢，太客气了。
Nǐ shuō shénme ne, tài kèqi le.

2）这部电影想说什么呀？
Zhè bù diànyǐng xiǎng shuō shénme ya?

即練 日本語に合うよう並べ替えなさい。

① 何を言ってるのですか？驚かさないでください。

[吓我 / 说什么 / 了 / 别 / 呀 / 你]

__________________，__________________

吓 xià：驚かす
加油 jiāyóu：頑張る

②「難しすぎて、学ぶのをやめたい。」「何言っているの？頑張ってよ！」

[呢 / 学 / 想 / 说什么 / 了 / 不]

“太难了，我________。”“________？加油呀！”

発音を聞いて空欄を埋めなさい。 78

1. 你家不______，别______送我们了。
Nǐ jiā bú (shùnlù) , bié (tèyì) sòng wǒmen le.

2. 你这么说太______了，听着好______啊。
Nǐ zhème shuō tài (jiànwài) le, tīngzhe hǎo (bièniu) a.

日中翻訳ルール 19

“V 着”

「V 着＋目的語」の形式は多く動作の持続を表す。

我去他家时，他正看着电视呢。／彼の家に行ったとき、彼はテレビを見ていた。

また動作が終わってその結果が存続する場合に使う。

他背着一个黑色的背包。／彼は黒のリュックを背負っている。

书上写着他的名字。／本に彼の名前が書いてある。

さらに動作の方式を示す時もよく用いる。

听着音乐写作业。／音楽を聴きながら宿題をする。

走着来要多长时间？／歩いてくるとどれぐらいの時間がかかりますか。

本課に“**听着真别扭**”「単音節の動詞＋“着”＋形容詞」の形式がある。「～すると～である」「～したところ～である」。

这个菜看着很好吃。／この料理は見たところおいしそうです。

79

日本人：天 太 热 了，来，吃 点儿 冰镇 西瓜。
Rìběnrén　Tiān tài rè le, lái, chī diǎnr bīngzhèn xīguā.

中国人：哇，有 西瓜 吃，太 好 了。
Zhōngguórén　Wā, yǒu xīguā chī, tài hǎo le.

中国人：这么 好 的 西瓜，怎么 撒 盐 了？
Zhème hǎo de xīguā, zěnme sǎ yán le?

日本人：怎么样？好吃 吗？
Zěnmeyàng? hǎochī ma?

中国人：好吃，好吃。不过 为 什么 要 在 西瓜 上 撒 盐 呢？
Hǎochī, hǎochī. Búguò wèi shénme yào zài xīguā shang sǎ yán ne?

日本人：这样 西瓜 会 显得 更 甜。苹果 呀，菠萝 什么的 都 可以 撒 盐 的。
Zhèyàng xīguā huì xiǎnde gèng tián. Píngguǒ ya, bōluó shénmede dōu kěyǐ sǎ yán de.

単語　80

冰镇	bīngzhèn	動 氷で冷やす	甜	tián	形 甘い
西瓜	xīguā	名 スイカ	苹果	píngguǒ	名 リンゴ
盐	yán	名 塩	菠萝	bōluó	名 パイナップル
显得	xiǎnde	動 ～のように見える	什么的	shénmede	助 ～などなど

解釈

1 **「冷たいスイカを召し上がれ」** 語気を軽くするため“点儿”を加えたほうが自然である。

2 **「スイカだ」** “冰镇西瓜！”と訳してもよい。ここで“有”を用いる連動文で訳すと、“有西瓜吃”になるが、喜び以外に、驚いて、意外に思う語気も感じられる。

3 **「こうするとスイカがもっと甘くなるの」** “会”を使って起こり得る可能性を示した。“这样西瓜会显得更甜”。

4 **「リンゴとかパイナップルなど」** 「～とか～など」は“～呀，～什么的”にあたる。“苹果呀，菠萝什么的都可以撒盐的。”

いぶこみの風景⑳—— 食文化の違い

日本ではスイカやトマトに塩をかけるが、中国では砂糖をかける。また食事中はあまり冷たい水を飲まないようだ。コーラを温めてと要求する人もいるし，ビールだって黙っていると常温の生暖かいものを飲まされる。

宴会の席ではホスト役の人が、主賓に料理を手ずから取ってあげたりする。

招待された時は、料理はすべて食べず、少し残すのが礼儀とも言われる。

食に関わる文化には日中でいろいろ違いがあるようだ。

中国にはこんな言葉がある。**“南甜、北咸、东辣、西酸”** nán tián, běi xián, dōng là, xī suān（南は甘く、北はしょっぱく、東は辛く、西は酸っぱい）。これは中国各地域の料理の味の違いを反映したものだ。また、中国四大料理と称されるものは：**鲁菜** lǔcài（山東料理）、**川菜** chuāncài（四川料理）、**粤菜** yuècài（広東料理）、**蘇菜** sūcài（江蘇料理）の四つである。

トマトに砂糖

1 "有＋名詞＋V"：—— 有西瓜吃

81

"有"の連動文の一種である。"有＋名詞＋V"の形式で、「V」により後ろから名詞を限定する。"有钱买书"（本を買うお金がある）。"没有时间去"（行く時間がない）。

1）学好汉语会有机会去中国工作的。
Xuéhǎo Hànyǔ huì yǒu jīhuì qù Zhōngguó gōngzuò de.

2）你来东京时，没有地方住的话，就来我家吧。
Nǐ lái Dōngjīng shí, méiyou dìfang zhù dehuà, jiù lái wǒ jiā ba.

即練 次の日本語を中国語に訳しなさい。

① この週末、映画を見に行く時間がありますか？

____

② 来月外食するお金がありません。

____

2 "显得"：—— 这样西瓜会显得更甜

常に目的語を伴い、「～のように見える」「～のように思われる」。

1）奶奶已经 80 岁了，可是看上去显得很年轻。
Nǎinai yǐjīng bāshí suì le, kěshì kànshangqu xiǎnde hěn niánqīng.

2）一场大雨后，树木显得更精神了。
Yì cháng dà yǔ hòu, shùmù xiǎnde gèng jīngshen le.

精神：元気である
这几天：この数日
忙碌 mánglù：忙しい
有些 yǒuxiē：少し，幾らか
疲劳 píláo：疲労している
实际 shíjì：実際の，現実の

即練 日本語に合わせて中国語を並べ替えなさい。

① この数日の忙しさで彼は少し疲れたように見えます。

[有些 / 忙碌 / 疲劳 / 显得 / 这几天的 / 使他]

____

② 彼女は実年齢より上に見えます。

[比 / 年龄 / 她 / 大 / 实际 / 显得]

____

3 "～呀，～什么的"：―――― 苹果呀，菠萝什么的都可以撒盐的

一つ、または例挙されたいくつかの事柄の後につけて、その類のものを表す。「などなど」「～といったようなもの」。

1) 我想买一些葡萄呀，梨什么的。
Wǒ xiǎng mǎi yìxiē pútao ya, lí shénmede.

2) 散步呀，游泳什么的都有益于健康。
Sànbù ya, yóuyǒng shénmede dōu yǒuyì yú jiànkāng.

即練 日本語に合わせて中国語文を完成しなさい。

① パソコンで映画を見たり、音楽を聴いたりすることなどができます。

用电脑可以＿＿＿＿＿＿＿＿＿＿＿＿＿＿＿＿

② 日本の化粧品やサプリメントなどは観光客からとても人気です。

＿＿＿＿＿＿＿＿＿＿＿＿＿＿都非常受游客的欢迎。

有益于：～に有益である
化妆品 huàzhuāngpǐn：化粧品
保健药品 bǎojiàn yàopǐn：サプリメント
受欢迎 shòu huānyíng：人気がある

発音を聞いて空欄を埋めなさい。 82

1. 我们没有在西瓜上＿＿＿＿的＿＿＿＿。
Wǒmen méiyou zài xīguā shang (sǎ yán) de (xíguàn).

2. 这儿有西瓜、＿＿＿＿和＿＿＿＿，你想吃什么？
Zhèr yǒu xīguā, (píngguǒ) hé (bōluó), nǐ xiǎng chī shénme?

日中翻訳ルール 20

"是～的" 構文

すでに実現済みの動作について、「いつ」「どこで」「どのように」「何のため」「誰が」など、時間や場所、手段・方法や人物、理由を取り立てて強調、説明する場合、"是～的" 構文を使う。

①「いつ行なったのか」
我是三年前来日本留学的。／私は三年前に日本へ留学に来ました。

②「どこで行なったのか」
这本书是在王府井新华书店买的。／この本は王府井にある新華書店で買ったのです。

③「どうやって行なったのか」
我是坐新干线来的。／私は新幹線で来たのです。

④「誰が行なったのか」
《雪国》这本书是川端康成写的。／『雪国』という本は川端康成氏が書いたのです。

⑤「なんのために行なったのか」
今天的饺子是特意为你包的。／今日の餃子はあなたのために作ったのです。

否定は "不是～的" を用いる。
我今天不是坐地铁来的。／私は今日地下鉄で来たのではありません。

第21课 ★ 白い花

83

孩子：妈，你看，这花好不好看？
háizi: Mā, nǐ kàn, zhè huā hǎo bu hǎokàn?

妈妈：好看什么呀！赶快去把它摘了。
māma: Hǎokàn shénme ya! Gǎnkuài qù bǎ tā zhāi le.

孩子：为什么呀？
Wèi shénme ya?

妈妈：不能戴白花。
Bù néng dài bái huā.

孩子：为什么不能戴白花？
Wèi shénme bù néng dài bái huā?

妈妈：因为在中国葬礼的时候才戴白花呢。
Yīnwèi zài Zhōngguó zànglǐ de shíhou cái dài bái huā ne.

単語

84

好看	hǎokàn	形	きれいだ
赶快	gǎnkuài	副	はやく、急いで
它	tā	代	（人間以外の事物を指す第三人称）それ、あれ
摘	zhāi	動	取る、外す
戴	dài	動	つける
白花	bái huā	組	白い花
葬礼	zànglǐ	名	葬式
才	cái	副	（それで）はじめて

解釈

1 **「この花きれい？」** Yes なのか No なのか、それだけを知りたいときに、反復疑問文を使う。“这花好不好看？”

2 **「何がきれいよ」** 形容詞＋“什么”の形で，相手の言葉に反駁する。「～だなんて」「～なものか」。“好看什么呀！”

3 **「はやくはずしなさい！」** “赶快去把它摘了！”に訳した。訳文にある“去”は「行く」という意味ではなく、動作・行為の仕手にそうするよう望むときに、“去”をよく用いる。“你去好好儿想想吧。”

4 **「どうしてダメなの？」** “为什么不能戴白花？”のように、「何がダメなのか」をはっきり言う。

5 **「中国では白い花をつけるのはお葬式のときだけなの」** “为什么”で理由を聞いてきたため、説明文の文頭に“因为”をつける必要がある。「お葬式のときだけ」は“葬礼的时侯才～”と訳した。“才”の用法に注意したい。

いぶこみの風景㉑ ―― 色の話

白色は黒色に相対すれば、「光明、正義」の象徴である。また「潔白、純潔」の意もある。**“洁白无暇”** jié bái wú xiá（潔白で汚れがない）、**“一生 清白”** yìshēng qīngbái（生涯清廉である）。

しかし、白色は赤色に相対すれば、「不吉、恐怖、反動的」な色になる。例えば **“白区”** báiqū（反動勢力の支配地域）、**“白色恐怖”** báisè kǒngbù（白色テロ）。これらの **“白”** は反動的で、暗黒、恐怖の象徴になる。

赤は「めでたいこと」や「喜ばしいこと」、「縁起のいいこと」の象徴で、結婚や、出産、新年を迎えるときなどに使うが、白は逆に黒と同じように葬式のときに使われる。葬式のとき、追悼に来る人たちは胸に白い花をつける。

直系尊属、特に農村部の人たちは **“披麻戴孝”** pīmá dàixiào（白い麻の服を着て、喪に服する）をし、頭に麻か布の生地の帯状のものをつけている光景をよく見る。ゆえに中国の人々は白い花や布のようなものを頭につけている光景を眼にすると、不吉なこと、不幸なことを連想しがちになるのも理解できよう。

語法ポイント 21

1 “赶快”：「早く」「急いで」 —— 赶快去把它摘了

85

1) 你赶快把这（件）事儿做完吧，别拖了。
Nǐ gǎnkuài bǎ zhè (jiàn) shìr zuòwán ba, bié tuō le.

2) 时间不早了，赶快出发吧。
Shíjiān bù zǎo le, gǎnkuài chūfā ba.

拖：引き延ばす
解决 jiějué：解決する

即練 次の日本語を中国語に訳しなさい。

① 問題があったら、はやく解決しなければなりません。

② 雨が降りそうだ、はやく帰りましょう。

2 “为什么”： —— 为什么不能戴白花

理由・原因を尋ねる「なぜ」、返答には“因为”を用いる。「なぜなら～だからだ」。

1) 你为什么没买？—— 因为太贵了。
Nǐ wèi shénme méi mǎi? — Yīnwèi tài guì le.

2) 你今天为什么不去学校？—— 因为今天没课。
Nǐ jīntiān wèi shénme bú qù xuéxiào? — Yīnwèi jīntiān méi kè.

即練 次の問いに中国語で答えなさい。

① A：你为什么想去大公司工作？

B：

② A：为什么你不学法语？

B：

3 "才"：—— 在中国葬礼的时候才戴白花呢

一定の状況・条件下、またはある原因・目的などのもとに限ってどうなのかをいう。「～してこそ、はじめて～」。

1）因为你不想去，所以才让他去了。
Yīnwèi nǐ bù xiǎng qù, suǒyǐ cái ràng tā qù le.

2）都是为了你，他才把工作辞了。
Dōu shì wèile nǐ, tā cái bǎ gōngzuò cí le.

辞：辞める

即練 日本語に合わせて中国語文を完成しなさい。

① 自分が出来てはじめて、人に要求することが出来ます。

自己做到了，＿＿＿＿＿＿＿＿＿＿＿＿＿＿＿＿

② 努力してこそ、いい成績が取れるのだ。

只有努力，＿＿＿＿＿＿＿＿＿＿＿＿＿＿＿＿

発音を聞いて空欄を埋めなさい。 86

1. 你＿＿＿＿把那个白花＿＿＿＿了。
Nǐ (gǎnkuài) bǎ nàge bái huā (zhāi) le.

2. 你知道中国＿＿＿＿的时候＿＿＿＿什么花吗？
Nǐ zhīdao Zhōngguó (zànglǐ) de shíhou (dài) shénme huā ma?

日中翻訳ルール 21

さまざまな"才" cái

本文に現れた"才"の用法を説明したが、"才"の使い方はこれに限らない。

① あることがついさっき発生し終わったばかりだ。「～したばかり」

他才从美国回来不久。／彼はアメリカから帰ってきてそんなに経っていない。

我才来，你就要走呀？／私が今来たばかりなのに、あなたはもう帰るの？

② 事柄の発生または終わるのが遅い。「やっと」「ようやく」

约好十点见面，她十点半才到。／十時に会う約束をしたのに、彼女は十時半にやっと来た。

会议持续到下午八点才结束。／会議は午後八時まで続いてやっと終わった。

③ 数量が少ない、程度が低い。「わずか」「たった」

这次中级班才有十几个学生。／今回中級クラスはわずか十数人の学生しかいない。

他才是个小学生，不能要求太高。／彼はまだ小学生なので、あまり高望みしないで。

第22课 ★ 眼にゴミが入った

87

妈妈：怎么 了？
māma: Zěnme le?

儿子：眼睛 里 进 垃圾 了。
érzi: Yǎnjing li jìn lājī le.

妈妈：垃圾？ 你 胡说 什么 呀！ 垃圾 怎么 能 进 眼睛 里 去 呢？
Lājī? Nǐ húshuō shénme ya! Lājī zěnme néng jìn yǎnjing li qu ne?

儿子：哎哟，好 疼 啊。妈，你 帮 我 看看。
Āiyō, hǎo téng a. Mā, nǐ bāng wǒ kànkan.

妈妈：你 看，是 根 眼睫毛。什么 垃圾 呀，真是 的！
Nǐ kàn, shì gēn yǎnjiémáo. Shénme lājī ya, zhēnshi de!

単語

88

眼睛	yǎnjing	名	目
垃圾	lājī	名	ごみ
胡说	húshuō	動	でたらめを言う
哎哟	āiyō	感	（痛みを感じるときのうめきを表す）あっ，うわー
好	hǎo	副	とても
疼	téng	形	痛い
根	gēn	量	細長いものを数える
眼睫毛	yǎnjiémáo	名	まつげ
真是	zhēnshi	形	全くもう！何ということだ！

解釈

1 **「どうしたの」**「どうして」の意味の“怎么”は述語になり、文末に“了”をつけて、状況を尋ねる。“怎么了？”。

2 **「なにバカなことを言ってるの」**“你胡说什么呀”と訳した。動詞＋“什么”の形で，動作の理由を詰問し非難の気持ちを表す。

3 **「ゴミがどうして目に入るのよ」**「どうして～のよ」は“怎么能～呢”にあたる。

4 **「ちょっと見て」**日本語では「誰に見てもらうのか」が隠されている。訳すとき、明示する必要がある。“你帮我看看”。

5 **「まつげよ」**“是根眼睫毛”。まつ毛の量詞“根”を入れること。

6 **「何が「ゴミ」よ」**文頭に息子のセリフ“眼睛里进垃圾了”があり、この言葉に対し、「何とぼけたことを言ってるのよ」という責める語気を示すため、“什么＋垃圾呀”とした。

7 **「ったくもう！」**“真是的！”にあたる。不満や不快または責める気持ちを表す。

いぶこみの風景㉒――「ゴミ」の大きさ

日本語の「ごみ」は、中国語より意味範囲が広い。例えば、お茶に入ったごく小さなゴミ、パンくず、また目に入ったもの、ポケット中の糸くずなどなど、一概に「ゴミ」と言えるようだ。

中国人なら、お茶や目などに何か入った時、**“茶里进了个东西”**、**“眼睛里进去沙子了”**、**“口袋里有碎线头”**など、入っているものが分かれば、具体的に言い、分からない時には「何か入った」と言い、**“垃圾”**とは言わない。

中国人の「ゴミ」のイメージは、捨てられたボロボロで、きたないものである。日本語の「ごみ」にもその意味はあるが、もっと小さなもの、例えば「パンくず」や「糸くず」「ほこり」「砂粒」なども指す。一方、中国語はこれらをゴミの範疇に入れないようだ。

近年、中国でもゴミの分別収集が行なわれるようになった。

上海市生活垃圾分类标识

語法ポイント 22

1 存現文 ―― 眼睛里进垃圾了

89

物や人の出現・存在・消失などを表す。「場所 + 動詞 + 存在 / 出現 / 消失する人、事物」

1）前面走过来两个年轻人。
Qiánmiàn zǒuguolai liǎng ge niánqīng rén.

2）车站前新开了一家意大利餐厅。
Chēzhàn qián xīn kāile yì jiā Yìdàlì cāntīng.

即練 次の日本語を中国語に訳しなさい。

天空 tiānkōng：空
道 dào：虹の量詞
彩虹 cǎihóng：虹
出现 chūxiàn：現れる

① 彼の家にたくさんのお客さんが来た。

____

② 空に一つのきれいな虹が現れた。

____

2 "好～啊"：「とても～だよ」 ―― 好疼啊

「"好" + 形 + "啊"」の構文で、程度の甚だしいことを感嘆の気持ちで言う場合に使う。語気助詞 "啊" は直前の音の影響を受け、"呀" ya や "哇" wa と発音される場合がある。

1）这两天好冷啊，好像冬天似的。
Zhè liǎng tiān hǎo lěng a, hǎoxiàng dōngtiān shìde.

2）有你这样的朋友，让我好高兴啊。
Yǒu nǐ zhèyàng de péngyou, ràng wǒ hǎo gāoxìng a.

即練 "好～啊" を用いて、会話文を完成しなさい。

① A：你看，这里的风景怎么样？

B：______________________________

② A：这两天东京的天气怎么样？

B：______________________________

3 “真是”：「ったくもう！」「なんということだ」 ——— 真是的

不満や不快または責める気持ちを表す。後ろに“的”をつけることによって語気を強める。口語性が強い。

1) 怎么能让老人拿这么重的东西呢，真是的！
Zěnme néng ràng lǎorén ná zhème zhòng de dōngxi ne, zhēnshi de!

2) 真是的！你怎么说话不算话呀。
Zhēnshi de! Nǐ zěnme shuōhuà bú suànhuà ya.

算话：言ったことを守る

即練 日本語に合わせて中国語を並べ替えなさい。

① こんな高い買い物をするなんて、まったくもう。

［ 东西 ／ 贵的 ／ 这么 ／ 买 ／ 你 ］

＿＿＿＿＿＿＿＿＿＿＿＿＿＿，真是的！

② まったく！どうしてこんな大事なことを忘れたのでしょうか？

［ 重要的 ／ 忘了呢 ／ 事儿 ／ 把 ／ 这么 ／ 怎么 ］

真是的！你＿＿＿＿＿＿＿＿＿＿＿＿＿＿

発音を聞いて空欄を埋めなさい。 90

1. ＿＿＿＿不会进到＿＿＿＿里去的。
(Lājī) bú huì jìndào (yǎnjing) li qu de.

2. 好＿＿＿＿啊。快＿＿＿＿我看看怎么了。
Hǎo (téng) a. Kuài (bāng) wǒ kànkan zěnme le.

日中翻訳ルール 22

“什么”の活用

“什么”を使って、話者のさまざまな気持ち・態度を表すことができる。

① “什么”＋名詞の形で、否定・軽べつの気持ちを示す。
这是什么逻辑呀！／これはなんたる論理だ！

② “什么～不～(的)”の形で、～の部分に同じ語句を用い、「～であろうがなかろうが」。
什么好吃不好吃的，有吃的就不错了。／うまくてもまずくても、食うものがあるだけで十分だ。

③ 相手が言った言葉の後ろに用いて、それに反駁する。
漂不漂亮？——漂亮什么呀？一点儿也不好看。／きれい？——何がきれいだよ、全然。

④ 動詞＋“什么”の形で、動作の理由を詰問し、反対・非難の気持ちを示す。
你懂什么！／君に何がわかると言うのか。

第23课 ★ 見送り

91

中国人：我 该 走 了。
Zhōngguórén Wǒ gāi zǒu le.

日本人：那，您 慢走。
Rìběnrén Nà, nín mànzǒu.

中国人：他 怎么 不 送送 我 呢？ 要是 在 中国 起码 得 送到 楼 下。不，会 送到 车站 的。
Tā zěnme bú sòngsong wǒ ne? Yàoshi zài Zhōngguó qǐmǎ děi sòngdào lóu xià. Bù, huì sòngdào chēzhàn de.

（在 中国）
zài Zhōngguó

主人：那，我 送送 你 吧。
zhǔrén: Nà, wǒ sòngsong nǐ ba.

客人：不用 了，你 忙 吧。
kèren: Bú yòng le, nǐ máng ba.

客人：不 用 送 了，请 留步 吧。
Bú yòng sòng le, qǐng liúbù ba.

単語

92

慢走	mànzǒu	動（客を送るとき）気をつけて
要是	yàoshi	接 もし～なら
起码	qǐmǎ	副 少なくとも，せめて
楼下	lóu xià	組 階下
忙	máng	形 忙しい
留步	liúbù	動（客を主人が見送るのを謝絶する時に使う）どうぞそのまま

解釈

1 **「そろそろ失礼します」** 今いる場所から離れるべきだという意味なので、“我该走了”と訳す。

2 **「気をつけて」** “您慢走”はお客さんを見送るときの決まり文句。ここでお別れしますという含みがある。

3 **「ぜんぜん見送ってくれないんだ」** 中国では客を見送る習慣がある。関係が近いほど送る距離も長い。客を送らないことを不思議に思っているため、いぶかりの「どうして」“怎么”を用い、“他怎么不送送我呢”と訳す。“不送送”には「見送るべきなのに」という気持ちが含まれる。

4 **「おかまいなく」** 場面によって“不用介意”、“不用张罗”、“不用客气”に訳せるが、相手のことを考えて「自分の用事をなさってください、私のことは構わないで」または「私はこれで失礼しますが、どうぞ構わず自分の用事をしてください」という意を示すとき、“你忙吧”と言う。

5 **「ここまででけっこうです」** “请留步吧”。これは見送られた客が見送る人に対し、「ここで足を止めてください」という決まり文句。

いぶこみの風景㉓——“宾至如归”bīn zhì rú guī

中国人には客人をもてなすことが好きな国民性がある。それを表しているのが **“宾至如归”** だ。お客さんを自宅に招く際、和やかな雰囲気と温かいおもてなしによって、まるで自分の家に帰ってきたようにくつろいでもらおうという意味だ。

中国人は自分の親切さの表れとしてよく他人を自宅に招く。昔、物資が不足していた時代には、客人に白湯を出したり、煙草を出したりしていたが、今は来客の際には、自宅で豪華な料理を振舞ってご馳走するか、お洒落なレストランに行って接待するのが一般的である。堅苦しいことはなく、どんな客人であっても世間話やお酒ですぐに打ち解け、初対面でも **“老朋友”**（古い友達）のようになることができる。

語法ポイント 23

1 接続詞“要是”： ——— 要是在中国起码得送到楼下

73

仮定を表す。「もし、もしも～なら」。よく“要是～的话”の形でも使う。

1）你要是不想去的话，就别去了。
Nǐ yàoshi bù xiǎng qù dehuà, jiù bié qù le.

2）要是你喜欢就给你吧。
Yàoshi nǐ xǐhuan jiù gěi nǐ ba.

即練 次の日本語を中国語に訳しなさい。

① もし時間があったら、何をしたいのですか？

____

② もし何か用事があったら、私に電話をして下さい。

____

2 副詞“起码”：「少なくとも」「最低でも」 ——— 起码得送到楼下

1）来这里旅行的人，每年起码超过两三万。
Lái zhèli lǚxíng de rén, měinián qǐmǎ chāoguò liǎng sān wàn.

2）要弹好钢琴，每天起码得练三个小时。
Yào tánhǎo gāngqín, měitiān qǐmǎ děi liàn sān ge xiǎoshí.

超过：超える
理解 lǐjiě：理解する

即練 日本語に合わせて中国語文を完成しなさい。

① ここから家まで少なくとも二時間かかります。

从这儿到我家 ____________________

② あの映画を理解するためには、少なくとも二回見る必要があります。

要想理解那部电影，____________________

3 常用挨拶言葉

您慢走！	Nín mànzǒu!	お気をつけてお帰りください。
请留步。	Qǐng liúbù.	お見送りはこちらで結構です。
让您破费了。	Ràng nín pòfèi le.	お金を使わせてしまい、恐縮です。
让您久等了。	Ràng nín jiǔ děng le.	お待たせいたしました。
您忙吧。	Nín máng ba.	どうぞお構いなく。
打扰您了。	Dǎrǎo nín le.	お邪魔しました。
给您添麻烦了。	Gěi nín tiān máfan le.	お手数をお掛けしました。

即練　常用挨拶言葉を使って、次の中国語を完成しなさい。

① 对不起，＿＿＿＿＿＿＿＿。—— 哪里，我也刚到。

② 都快到车站了，别送了，＿＿＿＿＿＿＿＿吧。

発音を聞いて空欄を埋めなさい。　94

1. ＿＿＿＿ 在中国 ＿＿＿＿ 得送到车站。
(Yàoshi) zài Zhōngguó (qǐmǎ) děi sòngdào chēzhàn.

2. "我送送你。" "＿＿＿＿ 了，请 ＿＿＿＿。"
"Wǒ sòngsong nǐ." "(Bú yòng) le, qǐng (liúbù)."

日中翻訳ルール 23

視点、発想を変えてみよう

日本語を中国語に訳すとき、日本語形式のままで訳すと不自然になったり、うまく訳せなかったりする場合がある。こういう時、視点や、発想を変えてみる。例えば：

① 否定と肯定を入れかえてみよう

私の考えはあなたとは違う。/ 我的想法跟你不一样。

みんなお前が悪い。/ 都是你不好。（第2課）

何か必要なものがあったら遠慮なく言ってください。/ 有什么需要，请尽管说。

② 柔らかな発想が必要。文字にこだわらず、意味が伝わればよい

中国のコンビニは何時までやっていますか？ / 中国的便利店几点关门？

昨日メールを送りましたが、届きましたか？ / 昨天给你发了伊妹儿，收到了吗？

今日は友達と外食です。/ 我今天和朋友在外面吃饭。

息子がペットショップをやっています。/ 我儿子开了个宠物店。

第24课 ★ 縁起を担ぐ

95

日本人 Rìběnrén：听说 小李 下 个 月 结婚，我 想 送 她 一 件 礼物。
Tīngshuō Xiǎo-Lǐ xià ge yuè jiéhūn, wǒ xiǎng sòng tā yí jiàn lǐwù.

中国人 Zhōngguórén：你 想 送 什么？
Nǐ xiǎng sòng shénme?

日本人：我 想 送 一 个 挂钟。
Wǒ xiǎng sòng yí ge guàzhōng.

中国人：诶呀，这 可 不 行。在 中国 送 钟 是 不 吉利 的，因为 “送 钟” 和 “送终” 同音。
Èiyā, zhè kě bù xíng. Zài Zhōngguó sòng zhōng shì bù jílì de, yīnwèi “sòng zhōng” hé “sòngzhōng” tóngyīn.

日本人：真 的？那 中国 还 有 什么 忌讳 的 事 吗？
Zhēn de? Nà Zhōngguó hái yǒu shénme jìhui de shì ma?

中国人：有 啊。比如，夫妻 呀 恋人 之间 梨 不 能 分着 吃，因为 “分梨” 和 “分离” 同音。
Yǒu a. Bǐrú, fūqī ya liànrén zhījiān lí bù néng fēnzhe chī, yīnwèi “fēnlí” hé “fēnlí” tóngyīn.

単語

96

听说	tīngshuō	動	聞くところによると～だそうだ
下个月	xià ge yuè	組	来月
挂钟	guàzhōng	名	掛け時計
诶呀	èiyā	感	（驚いたり、意外に思ったときに発する）あっ，あら
钟	zhōng	名	掛け時計や置き時計
吉利	jílì	形	縁起が良い
送终	sòngzhōng	動	最期をみとる，葬儀を取り仕切る
同音	tóngyīn	名	同音
忌讳	jìhui	動	忌み嫌う
比如	bǐrú	接	例えば
夫妻	fūqī	名	夫妻
恋人	liànrén	名	恋人
之间	zhījiān	助	～の間

解釈

1 **「李さんが来月結婚するそうだけど」** 「そうだ」は“听说”で、その後に聞いた内容を続ける。

2 **「なにか贈り物をしたいんだけど」** 中国語に訳すとき、具体的に動作“送”を用い、誰に送るかも述べ、量詞も入れる。“我想送她一件礼物”。

3 **「何をあげるの？」** 前文に“我想送”があり、それを受けて日本語「何をあげるの？」には「～したい」がないが、“你想送什么？”と訳す。

4 **「掛け時計どうかな」** “你想送什么”の問いかけに対し、率直に自分の意思を伝えるのが自然。“我想送一个挂钟”。

5 **「それはダメだ」** “这可不行”と訳し、“可”によって語気を強める。

6 **「縁起が悪い」** “不吉利”にあたる。日本語の肯定形を否定形で訳す。

7 **「というのは～だから」** “因为”を使う。

8 **「分けて食べる」** “分着吃”と訳し、“V＋着”で後ろの動作“吃”の方式を示す。（翻訳ルール 19 参照）

いぶこみの風景㉔――“呸，呸，呸！”Pēi, pēi, pēi!

“呸，呸，呸！”（ペッ、ペッ、ペッ）とはつばを吐くときの擬音語である。中国人は生活の中で誰かが禁句や縁起でもないことを言うと、必ず周りの人から**“呸，呸，呸！”**と言われる。このように吐き出すことによって、今言った言葉をなかったことにするのである。

よく縁起の悪いことを言う人や口を**“乌鸦嘴”** wūyāzuǐ と言う。カラスは中国でも不吉な鳥として嫌われる。

禁句はそもそも縁起の悪いものもあれば、その場の雰囲気にふさわしくないものもある。**“死”**や**“苦”**はもちろんのこと、数字の**“4”**や**“7”**は**“死”** sǐ、**“气”** qì（腹が立つ）が連想される傾向があり禁句とされる。結婚式に出席した際、**“离”** lí（離婚 líhūn）、**“沉”** chén（沈没 chénmò）を口にするのもタブーとされる。

闭上你的乌鸦嘴

97

1 "听说"：「(聞くところによると) ～だそうだ」 —— 听说小李下个月结婚

1）听说他找到了一个好工作。
Tīngshuō tā zhǎodàole yí ge hǎo gōngzuò.

2）听天气预报说马上就要进入梅雨期了。
Tīng tiānqì yùbào shuō mǎshàng jiù yào jìnrù méiyǔqī le.

绿茶 lǜchá：緑茶
博士 bóshì：博士
学位 xuéwèi：学位
博士学位：博士号

即練 次の日本語を中国語に訳しなさい。

① 緑茶は体にいいそうです。

② 友達の話によると、彼は博士号を取ったそうです。

2 "可"： —— 这可不行

強く発音し、程度の高いことを強調する。

1）妈，饭做好了没有，可把我饿死了。
Mā, fàn zuòhǎole méiyou, kě bǎ wǒ èsi le.

2）可别动他的东西，他回来会生气的。
Kě bié dòng tā de dōngxi, tā huílai huì shēngqì de.

轻信 qīngxìn：軽信する.
軽々しく信じる

即練 "可"を用いて、次の日本語を中国語に訳しなさい。

① そんなところに行きたくありません。

② 彼の話を軽々しく信じてはいけません。

③ 接続詞“比如”：「例えば」 ——— 比如，夫妻呀恋人之间梨不能分着吃

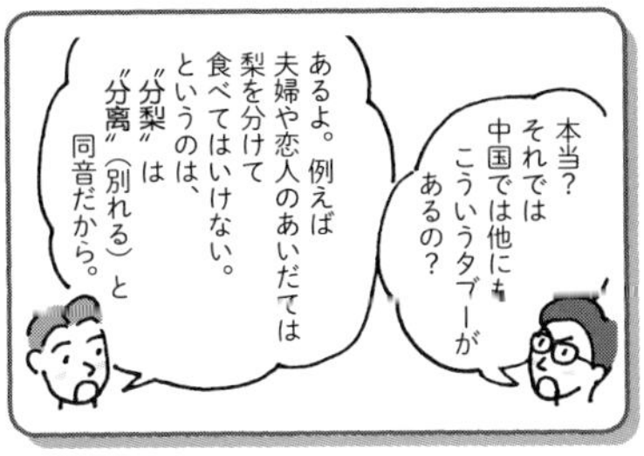

例を挙げる時に用いる。例は一つでも複数でもよい。

1) 中国有很多民间传说故事，比如，牛郎织女、白蛇传等。
Zhōngguó yǒu hěn duō mínjiān chuánshuō gùshi, bǐrú, Niúláng Zhīnǚ、Báishézhuàn děng.

2) 咱们可以下班后见面，比如周四的晚上就可以。
Zánmen kěyǐ xiàbān hòu jiànmiàn, bǐrú zhōusì de wǎnshang jiù kěyì.

传说：伝説
故事：故事
牛郎织女：七夕伝説
白蛇传：白蛇伝

即練 日本語に合わせて中国語文を完成しなさい。

① あなたは明るい色を着たほうが若々しく見えます、例えば、この黄色の服。

你穿亮色的衣服显得年轻，________________

② スマートフォンには多くの機能が備わっています、例えば買い物の支払いや振込みなども出来ます。

智能手机的功能太多了，________________

発音を聞いて空欄を埋めなさい。 98

1. ______你准备送他们一件______。
(Tīngshuō) nǐ zhǔnbèi sòng tāmen yí jiàn (lǐwù).

2. 中国人______分梨吃，因为不______。
Zhōngguórén (jìhui) fēn lí chī, yīnwèi bù (jílì).

亮色 liàngsè：明るい色
智能手机 zhìnéng shǒujī：スマートフォン
功能 gōngnéng：機能
付款 fùkuǎn：金を支払う
汇款 huìkuǎn：振込む，送金する

日 中 翻訳ルール 24

感嘆詞

強い感情を表したり、呼びかけや応答をするのに用いる語。課文に現れた感嘆詞からその特徴を眺めよう。

①第 3 課と第 11 課の“欸”：同じ感嘆詞なのに違う意味をもつ。
“欸 éi，日本也有饺子” 相手に気付かせるときの「おや」
“欸 éi，中国的公司正在招人” 何かでひらめいたときの「おっ」

②第 4 課と第 8 課の“啊”：声調が違い、意味も違う。
“啊 à，真对不起，我没想到” はっと悟ったときの「ああっ」
“啊 ā，她很喜欢弹钢琴” 同意・承諾を表すときの「ええ」

③第 10 課と第 24 課の“哎呀”と“诶呀”：同じ漢字表記にしても問題ない。
“哎呀 āiyā，是凉的呀？” 驚きを表すときの「なんだい」
“诶呀 èiyā，这可不行” 驚きや焦るときの「ああ」

語彙索引

＊数字は課、数字＋ポは語法ポイントの課数を示す.

带	dài	連れる	7
戴	dài	つける	21
单位	dānwèi	勤め先．勤務先	6
担心	dānxīn	心配する	12 ポ
担担面	dàndanmiàn	担々麺	3 ポ
当	dāng	～になる	8
党员	dǎngyuán	党員．共産党員	6
到底	dàodǐ	一体	16
到现在	dào xiànzài	いまだに	14
道	dào	虹の量詞	22 ポ
道歉	dàoqiàn	謝る	8 ポ
得	de	動詞や形容詞の後に用い、補語を導く	1 ポ、8
得	děi	～しなければならない	18
地步	dìbù	境地．状況	7 ポ
地区	dìqū	地域．区域	3 ポ
第二节	dì èr jié	2 時限目	18 ポ
电梯	diàntī	エレベーター	7 ポ
店员	diànyuán	店員	3
店长	diànzhǎng	店長	3
定局	dìngjú	決まった状態	11 ポ
懂事	dǒngshì	物分かりがよい	4 ポ
动	dòng	触る．手を出す	10 ポ
动车	dòngchē	高速列車	18 ポ
都是	dōu shì	みんな～のせいだ	2
肚子	dùzi	おなか	10
对	duì	二つで一組のものを数える	9
对待	duìdài	対応する	8 ポ
对～来说	duì~lái shuō	～にとって	18 ポ
对象	duìxiàng	(結婚・恋愛などの)相手	6
对～有好处	duì~yǒu hǎochù	～にとってよい	13 ポ
顿	dùn	食事、叱責・殴打などの回数	9 ポ

E

饿	è	空腹だ	5 ポ、10
欸	éi	おや	3
诶呀	èiyā	(驚いたり、意外に思ったときに発する)あっ．あら	24

F

发	fā	(メールなどを)送る	16 ポ
发表	fābiǎo	発表する	15 ポ
方式	fāngshì	方式．形式	16
房间	fángjiān	部屋	4
费	fèi	費用．代金	16 ポ
分手	fēnshǒu	別れる	7 ポ
份	fèn	一份＝一人前	3
风	fēng	風	2 ポ
枫叶	fēngyè	楓の葉	6 ポ
夫妇	fūfù	夫婦	4
夫妻	fūqī	夫妻	24
付款	fùkuǎn	金を支払う	24 ポ

G

该	gāi	当然～である．～すべきだ	6 ポ、15
改	gǎi	直す	16
改善	gǎishàn	改善する	3 ポ
赶快	gǎnkuài	はやく、急いで	21
干嘛	gànmá	どうして．なんで(話し言葉)	13
刚	gāng	～したばかり	6
刚出锅	gāng chū guō	ほやほやだ．出来立て	6 ポ
钢琴	gāngqín	ピアノ	1 ポ、8
高三	gāosān	高校三年生	6 ポ、12
告诉	gàosu	教える．告げる	14
歌手	gēshǒu	歌手	8 ポ
给您添麻烦了	gěi nín tiān máfan le	お手数をお掛けしました	23 ポ
根	gēn	細長いものを数える	22
公斤	gōngjīn	キログラム	9
公里	gōnglǐ	キロメートル	12 ポ
功劳	gōngláo	功績．おかげ	2 ポ
功能	gōngnéng	機能	24 ポ
姑姑	gūgu	おばさん(父の姉妹)	9
故事	gùshi	故事	24 ポ
刮掉	guādiào	吹き落とす	16 ポ
挂钟	guàzhōng	掛け時計	24
关系	guānxi	関係	2 ポ
管用	guǎnyòng	役に立つ、効き目がある	17
规定	guīdìng	規定	16 ポ
闺蜜	guīmì	女性の親友	9
国民	guómín	国民	11 ポ
国企	guóqǐ	国有企業	6
国外	guówài	海外．国外	19
过	guò	過ごす	11 ポ
过来	guòlai	やってくる．通り過ぎる	14

H

嗨	hāi	やれやれ．おや	19
还	hái	まだ　今なお	4
还～呀	hái~ ya	それでも～のか	19
还有	hái yǒu	ほかに～いる / ある	1
孩子	háizi	子供	2

喊	hǎn	呼ぶ	14ポ
好	hǎo	単独で用い、同意を示す「ハイ」	5
好	hǎo	とても	22
好的	hǎo de	(提案に同意したり要求を引き受けるときに言う)分かった．よろしい	3
好看	hǎokàn	きれいだ	21
好像	hǎoxiàng	～のようだ．みたいだ	9ポ、15
和～分不开	hé~fēnbukāi	～と切り離せない	13ポ
黑乎乎	hēihūhū	真っ暗	10ポ
红叶	hóngyè	紅葉	6ポ
胡说	húshuō	でたらめを言う	22
户外	hùwài	アウトドア．室外	1
花露水	huālùshuǐ	蚊よけ用品の名前	17
花瓶	huāpíng	花瓶	9
花生米	huāshēngmǐ	(殻を取った)落花生	3ポ
滑	huá	滑る	2ポ
化纤	huàxiān	化学繊維	10ポ
化妆品	huàzhuāngpǐn	化粧品	20ポ
坏	huài	悪い	2
环保	huánbǎo	環境保護	6ポ
环境	huánjìng	環境	3ポ
换	huàn	買い替える．換える	15ポ、11
换车	huàn chē	乗り換える	18ポ
回答	huídá	答える．回答する	16
回去	huíqu	帰っていく．戻っていく	7
回信	huíxìn	返信する	19ポ
汇款	huìkuǎn	送金する	24ポ
会	huì	～のはずである	3
会议	huìyì	会議	13
活动	huódòng	活動	1
或者	huòzhě	あるいは．または	15

J

机会	jīhuì	機会．チャンス	4ポ
鸡蛋	jīdàn	卵	10ポ
基层	jīcéng	(組織などの)末端部分．現場	18
及格	jígé	合格する	3ポ
吉利	jílì	縁起が良い	24
忌讳	jìhuì	忌み嫌う	24
季节	jìjié	季節	18ポ
加班	jiābān	残業	16ポ
加拿大	Jiānádà	カナダ	15ポ
加油	jiāyóu	頑張る	19ポ
家长	jiāzhǎng	保護者	17ポ
煎饺	jiānjiǎo	焼き餃子	3
见外	jiànwài	他人行儀にする	19
讲话	jiǎnghuà	話をする	7
交	jiāo	提出する	14ポ
交给	jiāogěi	渡す	16
脚	jiǎo	足でする動作の回数を数える	14ポ
节假日	jiéjiàrì	祝日．休日	8ポ
结婚	jiéhūn	結婚する	12
解决	jiějué	解決する	21ポ
进步	jìnbù	進歩する	13ポ
精彩	jīngcǎi	素晴らしい	7ポ
精神	jīngshen	元気である	20ポ
竟然	jìngrán	意外にも．なんと	11
静悄悄	jìngqiāoqiāo	ひっそり静かだ	10ポ
就行了	jiù xíng le	それでいい	15
就要～了	jiù yào~le	もうじき～だ	11
聚会	jùhuì	パーティー．会合	2ポ

K

开	kāi	咲く	11ポ
开	kāi	設ける．開く	12
开门	kāimén	開店する	11ポ
开心	kāixīn	楽しい．愉快だ	1
看错	kàncuò	見間違える	19ポ
看样子	kàn yàngzi	見たところ～のようだ	11
考虑	kǎolǜ	考慮する．考える	6ポ、18
考上	kǎoshàng	試験に合格する	8ポ
科长	kēzhǎng	課長	16
咳嗽	késou	咳をする	17ポ
可爱	kě'ài	かわいい	7
可口	kěkǒu	口に合う	10ポ
可惜	kěxī	惜しい．残念である	7
克服	kèfú	克服する	18
口福	kǒufú	口の幸い．ごちそうにありつく運	17
哭	kū	泣く	2
块	kuài	一塊のものを数える	2
快	kuài	はやい	1ポ、5
宽敞	kuānchǎng	広々としている	6ポ
款待	kuǎndài	もてなす．歓待する	5ポ
困难	kùnnan	困難である．難しい	18

L

垃圾	lājī	ごみ	22
来	lái	(注文するときに使う)ください．もらう	3
来得及	láidejí	間に合う	14ポ

浪费	làngfèi	浪費する	8ポ
劳驾	láojià	恐れ入ります．すみません	15
老板	lǎobǎn	店長	14
离开	líkāi	離れる	11
礼物	lǐwù	プレゼント．お土産	7ポ、9
理解	lǐjiě	理解する	23ポ
厉害	lìhai	すごい	11ポ
恋人	liànrén	恋人	24
凉的	liáng de	冷たいもの	10
凉快	liángkuai	涼しい	17
两天	liǎng tiān	両日．数日	14
亮色	liàngsè	明るい色	24ポ
聊天	liáotiān	おしゃべりをする	1
料理	liàolǐ	料理	10
淋	lín	(雨などに)ぬらす	2ポ
邻居	línjū	お隣さん．隣近所(の人)	8
留	liú	残す	16ポ
留步	liúbù	(客を主人が見送るのを謝絶する時に使う)どうぞそのまま	23
楼下	lóu xià	階下	23
绿茶	lǜchá	緑茶	24ポ
论文	lùnwén	論文	1ポ

M

麻	má	あさ	10ポ
麻将	májiàng	麻雀	5
麻婆豆腐	mápó dòufu	マーポー豆腐	3ポ
马上	mǎshàng	すぐに	19ポ
慢悠悠	mànyōuyōu	のんびりと．ゆっくりと	10ポ
慢走	mànzǒu	(客を送るとき)気をつけて	23
忙	máng	忙しい	8ポ、23
忙碌	mánglù	忙しい	20ポ
茅台	máotái	マオタイ酒．マオタイ(略称)	17
美	měi	美しい	1ポ
免洗米	miǎnxǐmǐ	無洗米	9
面试官	miànshìguān	面接官	11
明亮	míngliàng	明るい	6ポ
明明	míngmíng	明らかに．まぎれもなく	13
名牌	míngpái	有名ブランド	8ポ
母亲	mǔqīn	母親(直接呼びかける時は“妈妈”)	2

N

拿不动	nábudòng	持てない	5ポ
那	nà	それでは．それじゃ	5
那么	nàme	あんなに．そんなに	7
耐心	nàixīn	辛抱強い．根気がよい	7
难道	nándào	まさか～であるまい	8
内定	nèidìng	内定	14ポ
能干	nénggàn	腕前が良い	12
嗯	ńg	(疑ったり意外な気持ちを表す)あれっ．なんだい	3
年轻	niánqīng	若い	4
您慢走	nín mànzǒu	お気をつけてお帰りください	23ポ
您忙吧	nín máng ba	どうぞお構いなく	23ポ
牛郎织女	Niúláng Zhīnǚ	七夕伝説	24ポ
女友	nǚyǒu	彼女	7

O

哦	ò	(何かを気づき、了承する時)ああ．あっ	10

P

派	pài	派遣する	18
盘	pán	皿に盛ったものを数える量詞	3ポ
胖乎乎	pànghūhū	ぽっちゃりした	10ポ
跑	pǎo	走る	2
碰	pèng	ぶつかる	2ポ
皮蛋	pídàn	ピータン	3ポ
疲劳	píláo	疲労している	20ポ
片	piàn	面積・範囲の広いものに用いる。“一片”＝「一面」	10ポ
票	piào	チケット	7ポ
平时	píngshí	普段．平素	8ポ
苹果	píngguǒ	リンゴ	20
瓶	píng	瓶に入っているものを数える	3ポ、17

Q

妻子	qīzi	妻	8
起码	qǐmǎ	少なくとも．せめて	23
敲门	qiāo mén	ドアをノックする	9ポ
青椒肉丝	qīngjiāo ròusī	チンジャオロースー	3ポ
轻信	qīngxìn	軽信する．軽々しく信じる	24ポ

请留步	qǐng liúbù	お見送りはこちらで結構です	23ポ
球赛	qiúsài	球技の試合	7ポ
取	qǔ	取る	14
取得	qǔdé	取得する	2ポ
拳	quán	こぶしで殴る回数を数える	14ポ
却	què	(逆転の意味を強調する) それなのに、しかし	13ポ
确定	quèdìng	確定する．はっきり決める	13

R

让您久等了	ràng nín jiǔ děng le	お待たせいたしました	23ポ
让您破费了	ràng nín pòfèi le	お金を使わせてしまい、恐縮です	23ポ
热乎乎	rèhūhū	温かい．熱々の	10
热闹	rènao	にぎやかだ	1
认真	rènzhēn	まじめだ	11ポ
日期	rìqī	日にち	4ポ
入乡随俗	rùxiāng suísú	郷に入っては郷に従え	19

S

撒	sǎ	撒く	17
傻	shǎ	頭が悪い．ばかである	8
上班	shàngbān	勤務に出る．出勤する	5ポ
上车	shàngchē	乗車する．車に乗る	19
上大学	shàng dàxué	大学に入る	5ポ
上岁数	shàng suìshu	年をとる	4
上网	shàng wǎng	インターネットをする	11ポ
身高	shēngāo	身長	6
什么的	shénmede	～などなど	20
生	shēng	なま	10ポ
生	shēng	生む．生まれる	18
生气	shēngqì	怒る	11ポ
生日	shēngrì	誕生日	2ポ
声	shēng	(声や音を立てる時の回数を数える)～回．～度	14
升值	shēngzhí	値上がりする	15ポ
省心	shěngxīn	心配しない．気苦労することがない	12
盛开	shèngkāi	満開	18ポ
剩	shèng	残る	3
师傅	shīfu	師匠．親方	12
石头	shítou	石．石ころ	2
实际	shíjì	実際の．現実の	20ポ
实在	shízài	本当に．誠に	18
事实	shìshí	事実	7ポ
适合	shìhé	ふさわしい．合う	18
收到	shōudào	受け取る	16ポ
受欢迎	shòu huānyíng	人気がある	20ポ
树	shù	木．樹木	3ポ
摔	shuāi	足をとられ転ぶ	2ポ
双休	shuāngxiū	週休二日制	6
水果	shuǐguǒ	果物	1ポ
水饺	shuǐjiǎo	水餃子	3
顺路	shùnlù	道順のついでがよい	19
说	shuō	叱る．説教する	17ポ
丝绸	sīchóu	シルク	10ポ
送终	sòngzhōng	最期をみとる．葬儀を取り仕切る	24
酸辣汤	suānlàtāng	サンラータン	3ポ
算话	suànhuà	言ったことを守る	22ポ
孙子	sūnzi	孫	5

T

它	tā	(人間以外の事物を指す第三人称)それ、あれ	21
太～了	tài~le	とっても～だ	10
态度	tàidu	態度	8ポ
弹	tán	弾く	1ポ､8
汤	tāng	スープ	17ポ
套	tào	そろい．セットになったものを数える	9
特别	tèbié	特別に．非常に	14
特意	tèyì	わざわざ	14
疼	téng	痛い	22
提高	tígāo	高める	11ポ
天空	tiānkōng	空	22ポ
甜	tián	甘い	7ポ､20
跳槽	tiàocáo	転職する	11
跳舞	tiàowǔ	ダンスをする	1
听说	tīngshuō	聞くところによると～そうだ	7ポ､24
挺	tǐng	とても．なかなか	15ポ
通电	tōngdiàn	電気が通る	14ポ
同事	tóngshì	同僚	11
同音	tóngyīn	同音	24
偷	tōu	盗む	16ポ
拖	tuō	引き延ばす	21ポ

W

哇	wā	わあ(泣き声)	2
哇	wā	うわぁ．わぉ．おお	17
玩儿游戏	wánr yóuxì	ゲームをする	11ポ

万里长城	Wànlǐ Chángchéng	万里の長城	12ポ
位	wèi	敬意をもって人を数える	17
蚊子	wénzi	蚊	17
乌冬面	wūdōngmiàn	うどん	3ポ
屋顶	wūdǐng	屋根	16ポ
无可非议	wúkě fēiyì	非難すべきところがない	7ポ
无可救药	wúkě jiùyào	どうにも救済の仕様がない	7ポ
无可奈何	wúkě nàihé	どうしようもない	7ポ
无可挑剔	wúkě tiāoti	ケチや文句をつけるところがない	7
午觉	wǔjiào	昼寝	6ポ

X

西瓜	xīguā	スイカ	20
习惯	xíguàn	慣れる．習慣	4、16
洗澡	xǐzǎo	お風呂に入る	5ポ
下个月	xià ge yuè	来月	24
吓	xià	驚かす	19ポ
咸	xián	塩辛い．しょっぱい	17ポ
显得	xiǎnde	～のように見える	20
想	xiǎng	～と思う	13
想到	xiǎngdào	思いつく	4
消费税	xiāofèishuì	消費税	11ポ
消息	xiāoxi	知らせ．ニュース	17ポ
小妹	xiǎomèi	自分の妹の愛称	19
小偷儿	xiǎotōur	泥棒．スリ	16ポ
辛苦	xīnkǔ	苦しい．つらい．苦労する	11
新鲜	xīnxiān	新鮮だ	3ポ
行李	xíngli	荷物	9ポ
兴趣	xìngqu	興味	11ポ
性格	xìnggé	性格	6
需要	xūyào	必要がある	9
选	xuǎn	選ぶ	9ポ
学历	xuélì	学歴	7ポ
学位	xuéwèi	学位	24ポ

Y

严肃	yánsù	厳粛である．真剣である	16
盐	yán	塩	20
颜色	yánsè	色	18ポ
眼睫毛	yǎnjiémáo	まつげ	22
眼睛	yǎnjing	目	3ポ、22
宴会	yànhuì	宴会．パーティー	9ポ
咬	yǎo	かむ．（虫などに）食われる	17
要是	yàoshì	もし～なら	16、23
爷爷	yéye	おじいちゃん（父方）	5
一会儿	yíhuìr	しばらくの間	4
一夜	yíyè	一晩中	8ポ
已	yǐ	すでに．もう	7ポ
已成	yǐ chéng	すでに～なる	11ポ
银座	Yínzuò	銀座	10
应该	yīnggāi	～べきである	8
樱花	yīnghuā	桜の花	11ポ
拥挤	yōngjǐ	混む．込み合う	14ポ
有出息	yǒu chūxi	有望だ	2ポ
有些	yǒuxiē	少し．幾らか	20ポ
有益于	yǒuyì yú	～に有益である	20ポ
原谅	yuánliàng	許す．勘弁する	8ポ
月亮	yuèliang	月	1ポ
月薪	yuèxīn	月給．給料	6
越来越	yuè lái yuè	ますます	15ポ

Z

在外	zài wài	他郷にいる．よその土地にいる	19
在意	zàiyì	気にする	13ポ
再	zài	また．再び．もう一度	13
葬礼	zànglǐ	葬式	21
摘	zhāi	取る．外す	21
长相	zhǎngxiàng	容貌．容姿	7ポ
丈夫	zhàngfu	夫	8
招人	zhāorén	人を募集する	11
着急	zháojí	焦る．いらだつ	4ポ
找	zhǎo	探す	6
照顾	zhàogù	世話をする	18
这几天	zhè jǐ tiān	この数日	20ポ
这么	zhème	こんなに	1
这样	zhèyàng	このように	4ポ、16
这样	zhèyàng	こういうふうにする．そうする	19
这段时间	zhèi duàn shíjiān	この頃	15ポ
真是	zhēnshi	全くもう！何ということだ！	22
真心	zhēnxīn	本心（から）	8
之间	zhījiān	の間	24
只	zhī	鳥・獣・虫などの動物を数える	9ポ
直接	zhíjiē	直接的である．直接に	15
侄女	zhínü	姪	9
智能手机	zhìnéng shǒujī	スマートフォン	24ポ
钟	zhōng	掛け時計．置き時計	24
种	zhǒng	種類	8ポ、16
种	zhòng	植える	3ポ
注意	zhùyì	気をつける	2ポ

赚	zhuàn	稼ぐ	12
桌子	zhuōzi	机．テーブル	5
资料	zīliào	資料	16ポ
资源	zīyuán	資源	8ポ
总公司	zǒnggōngsī	本社	18ポ
走向	zǒuxiàng	～に向かって歩く	11ポ
租	zū	レンタル．借りる	7
最	zuì	最も．一番	18
做出来	zuòchulai	作り上げる	14
做好	zuòhǎo	出来上がる	14

NOTE

NOTE

NOTE

著者

相原 茂

　中国語コミュニケーション協会代表

費 燕

　上智大学　言語教育研究センター講師

蘇 明

　元慶應義塾大学講師

表紙デザイン　大下賢一郎
作画・本文デザイン　富田淳子

SPECIAL THANKS　林屋啓子

日中いぶこみ劇場

検印省略

© 2020年1月31日　初版発行

著　者　相原 茂　費 燕　蘇 明

発行者　原　雅　久
発行所　株式会社　朝日出版社
〒101-0065　東京都千代田区西神田3－3－5
電話(03)3239-0271・72(直通)
振替口座　東京　00140-2-46008
http://www.asahipress.com/
倉敷印刷

ISBN978-4-255-45335-4 C1087